スガさんの

365日 使える つくりおき

スガ

扶桑社

はじめに

私がつくりおきを始めたのは、20年ほど前のことです。2人の娘を育てながらフルタイムで働き、息つく暇もない中、「週末にまとめてつくって平日は盛るだけ」というスタイルは、家事の時短のみならず、家族の笑顔や健康の大きな味方になってくれました。その良さを実感したからこそ、子育てを卒業して単身赴任中の今も、週末つくりおき生活を継続しています。

この本では、そんな私が日頃つくっているお気に入りを、余すところなく紹介しています。ページを開いて、その時季のレシピをそのままつくるだけでいいから、献立に悩むことなく、旬の味覚がたっぷり味わえて、栄養バランスも自然と整います。

もちろん、全部つくらなくてもいいんです。まずは、食べたいものやつくれそうなものから試してみてください。口にするものすべてが、明日の体をつくります。

忙しい毎日であっても、健康的で豊かな食生活を送るための一助になれば、うれしいです。

CONTENTS

Autumn
秋

9月

1週目

2週目

10月

1週目

2週目

11月

1週目

2週目

CONTENTS

Winter

冬

12月

1月

2月

CONTENTS

Spring

春

3月

4月

5月

CONTENTS

Summer 夏

6月

7月

8月

この本の使い方

●計量単位は1カップ＝200mℓ、大さじ1＝15mℓ、小さじ1＝5mℓ、1合＝180mℓです
●オーブントースターの加熱時間は1000Wを基準にしています
●オーブントースターで加熱する際は、付属の説明書に従って高温に耐えられるボウルや器などを使用してください
●保存する際は、清潔な菜箸やスプーンを使って、清潔な保存容器に入れてください

毎日のごはんづくりがラクに！
つくりおき生活1週間の流れ

1 週末に買い出し

買い物は週1回。時間に余裕のある週末などに、まとめ買いをします。それぞれの週のおしながきにある食材リストを基に、買うものをリストアップしてから出かければ、短時間でスムーズに買い物ができます

食材リストをチェック！

食材リスト

野菜
さつまいも…中2本
キャベツ…½個
なす…4〜5個
えのきだけ…2袋
好みのきのこ
（しめじ、まいたけなど）…300g
れんこん…200g
小松菜…2束（400g）

おしながきの計6品を調理

サブおかず			メインおかず		
おかずなめたけ ▶P.25	冷蔵 10日	冷凍 1か月	鶏肉とさつまいもの甘辛マヨ炒め ▶P.23	冷蔵 5日	冷凍 1か月
れんこんの辛みそ炒め ▶P.26	冷蔵 1週間	冷凍 1か月	豚こまとキャベツのしょうが炒め ▶P.24	冷蔵 5日	冷凍 1か月
小松菜のナムル ▶P.26	冷蔵 1週間	冷凍 1か月	豚こまとなすの甘酢炒め煮 ▶P.24	冷蔵 5日	冷凍 1か月

2 まとめて調理する

買い物から戻ったら、1週間分のつくりおきおかずを調理します。おしながきにはメインおかず3品、サブおかず3品の計6品のメニューを載せていますが、全部でなく、食べたいものだけをつくるのでもかまいません

3 冷まして保存する

完成したおかずは粗熱を取って保存容器に入れ、完全に冷ましてから冷蔵庫で保存します。日もちの短いおかずを優先して食べ、保存期間が長めのおかずを食べるのは後ろ倒しにすると◎。冷凍保存も上手に活用しましょう

4 平日はおかずを器に盛るだけ

冷蔵庫から出し、温めて器に盛るだけですぐに食べられます。メインおかずとサブおかずの分量は4人前なので、各3品、計6品つくれば、2人家族で6食分がまかなえます。4人家族なら倍量つくっても。好みのおかずを組み合わせて楽しめます

スガさんのつくりおきの
ここがスゴイ！

食材は最小限。手頃なものばかりで節約に

レシピは、食材1つ、または2つでできるものがほとんど。肉は鶏肉や豚肉を中心に、野菜は安くて栄養価の高い旬のものや、価格が安定しているじゃがいも、玉ねぎなどの常備野菜、きのこ類を活用。手頃な食材を新鮮なうちにつくりおきおかずにして使いきるので、食費の節約にもなります

体に優しい食材で健康をキープ

心がけているのは、「まごわやさしい」です。「ま」は豆類、「ご」はごま、「わ」はわかめやひじきなどの海藻類、「や」は野菜、「さ」は魚、「し」はしいたけなどのきのこ類、「い」はいも類。これらをしっかりとると、栄養バランスが整うとされています。そのほか、食物繊維の多い乾物や梅干し、かつお節も積極的に活用しています

ベーシックな調味料で完成！

特別な調味料はほとんど使いません。しょうゆやみそ、みりん、酢といったどこの家庭にもある基本調味料だけで完成するレシピばかりです。また、使う調味料もなるべく少なく、がモットー。決まりやすい味つけだから失敗しにくく、誰がつくってもおいしく再現することができます

時間がかからない
時短レシピばかり

野菜は皮つきのまま使って面倒な下ごしらえをカットしたり、材料を火にかけたらあとはほったらかしでいい。そんな簡単な調理法でつくれるレシピや、あえるだけ、漬け込むだけの時短レシピばかり。複雑な作業がないから、仕事や子育てをしながらでも、無理なく続けられます

食材のアレンジが利く！

食材は、これでなければつくれない！というものはありません。たとえば野菜なら、そのときどきの旬のものや家族の好きなものに替えてつくるもよし、冷蔵庫に使い残したものがあれば、一緒に投入してもよし。そんな食材のアレンジのヒントもたっぷり紹介しています

時間がたつほど
おいしくなる！

つくりおきおかずは、冷蔵庫で保存しても味落ちしないものばかり。南蛮漬けやマリネ、ピクルスは、味がなじむとつくりたてとは違う、まろやかな味が楽しめます。煮物は、冷めるときに味が入っていくので深みのある味わいに。時間がたつほどにおいしくなるおかずがいっぱいです

つくりおきのルール

1 使いやすい保存容器を選ぶ

保存容器は、きちんと密閉できるものを前提に、重さや温め直す方法（火で温めるかレンジ加熱するか）、中身が見えるか、重ねられるかなどの視点で使いやすいものを選びましょう。素材全体をまんべんなく漬け込みたいときには、保存袋を活用するのもおすすめです

2 保存容器は必ず消毒する

おかずを保存する容器は、事前に汚れのたまりやすいすみずみまで丁寧に洗って乾かしておきましょう。さらに詰める前には、容器本体とフタに、食品に使えるアルコール消毒スプレーを吹きかけ、ペーパータオルでふき取っておきます。このひと手間で、より安全におかずを保存できます

3 中までしっかり火をとおす

つくりおきではしっかり加熱するのが鉄則。加熱時間が中途半端だと、かえって雑菌が繁殖しやすくなるので、肉や魚は中までよく火をとおしましょう。煮物や汁物は、鍋底から全体を混ぜながら火をとおし、中心点の温度が75℃以上を1分以上キープする状態まで加熱すると安心です

4 調理後はしっかり冷ます

つくったおかずは、完全に冷ましてから冷蔵庫へ。生温かいうちに入れると傷みの原因になるほか、庫内の温度が上昇し、ほかの食品も傷んでしまいます。汁気の多いものは、シンクに水をはったところに鍋ごと入れ、中身が空気にふれるように混ぜると手早く粗熱を取ることができます

5 保存容器にラベルを貼る

保存容器や保存袋には、料理名とつくった日づけを記載しておきましょう。これで、冷蔵庫を開けたときにひと目で食べたいおかずを見つけることができますし、うっかり食べ忘れることも防げます。マスキングテープを利用すると貼りやすく、はがすのも簡単なのでおすすめです

6 余裕をもって収納する

おかずを入れた保存容器は冷蔵庫で保存します。奥の方に入れたり、ギュウギュウに詰め込まず、余裕をもって収納すると、取り出しやすく、冷蔵庫の消費電力も抑えられます。おかずを食べきったタイミングで、棚などをアルコール消毒して清潔な状態を保ちましょう

長もちポイント

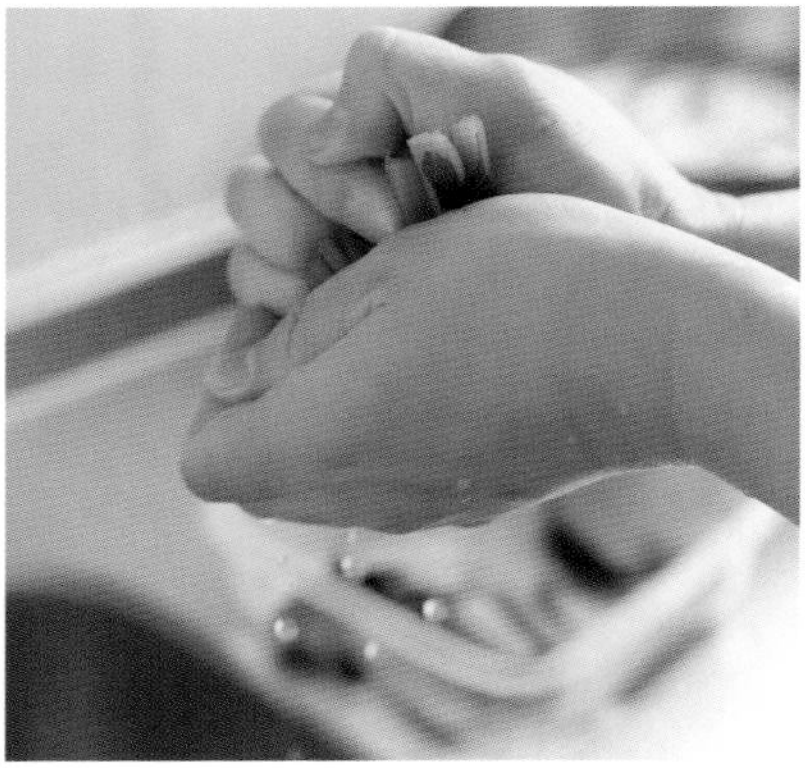

水気はよくきる

余分な水気は雑菌の繁殖につながるので、保存の大敵です。食材を洗ったあとは、水気をきったり、ふき取ることを忘れずに。あえ物も、しっかり水気を絞ってから味つけします

野菜はよく洗う

野菜は、雑菌がついていることがあるので、ラップに包まれたものや袋入りのものもよく洗いましょう。肉も、鶏肉は調理前に洗った方が、臭みが取れます

箸は使い回さない

同じ箸を使い回して、複数の保存容器からおかずを取り分けるのはNG。雑菌が付着する原因になります。箸はいくつか用意するか、使うごとにペーパータオルでふきましょう

スパイスや酢を効かせる

カレー粉などのスパイス類や酢には抗菌作用があるので、味つけに活用することで傷み防止に。梅干しやしょうが、にんにく、わさびなどにも防腐効果があります

冷凍するときのルール

保存するとき

空気をしっかり抜き、厚みを均一に

家族の人数や用途に合わせて1回分ずつ使う分量に小分けし、空気をとおさない冷凍用保存容器か保存袋に入れて冷凍を。保存袋は中身が外から見える透明のものを選び、おかずを入れたら薄く平らにのばし、手で中の空気をできるだけ押し出してから口を閉じます

食べるとき

魚焼きグリルやオーブントースターで

揚げ物は、冷蔵室に移したり、電子レンジで半解凍してから魚焼きグリルやオーブントースターで焼き直すのがおすすめ。カリッとして、つくりたてのおいしさがよみがえります

電子レンジで加熱

電子レンジで加熱解凍するのが、いちばん早くて手軽な方法です。レンジ強（600W）で100gあたり2分を目安に加熱し、まだ冷たい部分が残っていたら、再加熱を行います

半解凍後、鍋で温める

煮物やスープなどは、冷蔵室に移したり、電子レンジで半解凍してから鍋に移して火にかけるとムラなく温め直せます。よく混ぜながら、全体が温まるまでしっかり加熱します

冷蔵室に移して自然解凍

おひたしやあえ物、サラダなどは、冷蔵室に移して自然解凍し、そのまま食べます。解凍に半日〜1日程度かかるので、食べる時間を逆算して冷蔵室に移しておきましょう

この本の使い方

おしながきページ

つくる＆食べる期間

1か月を4週間に区切って、1週間ごとのメニューを紹介しています。時間に余裕のある週末などに買い物をしてまとめてつくり、1週間で食べきります

1週間のメニュー

1週間のメニュー構成は、メインおかず3品、サブおかず3品の計6品です。晩ごはんにはもちろん、お弁当や晩酌用のおつまみなど、いろんなシーンで使えます

食材リスト

1週間分の6品のおかずをつくるのに必要となる食材のリストです。調味料などは家にある在庫をチェックし、足りないものは買い足しましょう

レシピページ

保存期間

つくりおきおかずをおいしく食べられる期間の目安です。週の後半に食べる予定のおかずは、冷凍できるものであれば冷凍保存しても

Memo

この料理をつくる際のコツやポイントをはじめ、一緒に加えるとおいしい具材やおいしい食べ方など、アレンジのヒントも紹介しています

Autumn

秋

風味豊かなきのこや根菜類をたっぷり使った
ほっこりとした秋ならではのおかずが勢ぞろい。
食欲の秋で食費も体重もオーバーしがちなので、
乾物も活用し、家計と栄養のバランスをとります

9月 1週目

おしながき

夏の疲れが出やすいこの時季。ご飯のすすむしっかり味のおかずをつくりおきし、もりもり食べて元気をチャージ。きのこや根菜などの旬の野菜もたっぷり使い、秋の味覚を先取りします

サブおかず

おかずなめたけ
▶ P.25
冷蔵 10日　冷凍 1か月

れんこんの辛みそ炒め
▶ P.26
冷蔵 1週間　冷凍 1か月

小松菜のナムル
▶ P.26
冷蔵 1週間　冷凍 1か月

メインおかず

鶏肉とさつまいもの甘辛マヨ炒め
▶ P.23
冷蔵 5日　冷凍 1か月

豚こまとキャベツのしょうが炒め
▶ P.24
冷蔵 5日　冷凍 1か月

豚こまとなすの甘酢炒め煮
▶ P.24
冷蔵 5日　冷凍 1か月

食材リスト

肉

鶏胸肉…2枚(約600g)
豚こま切れ肉…600g

野菜

さつまいも…中2本
キャベツ…½個
なす…4〜5個
えのきだけ…2袋
好みのきのこ
　(しめじ、まいたけなど)…300g
れんこん…200g
小松菜…2束(400g)

その他

いりごま(白)…小さじ1

鶏肉とさつまいもの甘辛マヨ炒め

秋の味覚のさつまいもを、味つけの工夫でご飯にも合う一品に。香りづけ程度にマヨネーズを加えると、胸肉でもコクは十分です

冷蔵 5日　冷凍 1か月

材料（4人分）

鶏胸肉……2枚（約600g）
さつまいも…中2本
片栗粉…大さじ2
サラダ油…小さじ2
A しょうゆ、酒…各大さじ2
　砂糖、マヨネーズ…各大さじ1

つくり方

1 鶏肉はひと口大のそぎ切りにし、片栗粉をまぶす。さつまいもは皮つきのまま7㎜厚さのいちょう切りにする。

2 フライパンにサラダ油をひき、1の鶏肉を広げ入れ、フタをして弱火にかける。焼き色がついたら上下を返し、1のさつまいもを加えてざっと混ぜ、さらに6～7分蒸し焼きにする。

3 2に合わせたAを加え、味をからめる。

Memo

●肉を焼いている間に合わせ調味料の材料を合わせておきましょう。マヨネーズが分離しますが、熱を加えると溶けるので問題ありません

豚こまとキャベツのしょうが炒め

しょうがの効いた香ばしいしょうゆ味で、ご飯がすすみます。どんぶり仕立てにしたり、レタスで包んで食べても◎

材料（4人分）
豚こま切れ肉…300g
キャベツ…½個
片栗粉…大さじ3
サラダ油…小さじ2
酒…大さじ3
A しょうゆ…大さじ3
砂糖、みりん、しょうがのすりおろし(チューブ)…各大さじ1

つくり方
1 豚肉は片栗粉をまぶす。キャベツはひと口大のざく切りにする。
2 フライパンにサラダ油をひき、1の豚肉を広げ入れ、弱めの中火にかける。焼き色がついたら上下を返し、1のキャベツを加える。酒をふってフタをし、キャベツがしんなりするまで4～5分蒸し焼きにし、ざっと混ぜる。
3 2に合わせたAを加え、味をからめる。

冷蔵5日 冷凍1か月

Memo
●キャベツを加える際は、芯に近い部分はよくほぐしておきましょう。固まったままだと火のとおりが悪くなります

豚こまとなすの甘酢炒め煮

秋なすのおいしい季節にはコレ！ とろっとろのなすに肉のうま味と甘酢だれがしみて、食欲もがぜんアップします

材料（4人分）
豚こま切れ肉…300g
なす…4～5個
片栗粉…大さじ4
サラダ油…大さじ3
A しょうゆ…大さじ3
砂糖、酢、酒…各大さじ2
みりん、しょうがのすりおろし(チューブ)…各大さじ1

つくり方
1 なすはヘタを除いてひと口大の乱切りにし、豚肉と合わせて片栗粉をまぶす。
2 フライパンにサラダ油をひき、1を広げ入れ、フタをして弱めの中火にかける。肉に焼き色がついたら上下を返し、合わせたAを加えてさらに2～3分蒸し焼きにする。
3 フタを取って全体を混ぜながら味をからめる。

冷蔵5日 冷凍1か月

Memo
●なすはアクが強いので、切ってすぐに使わないときは、10分ほど水にさらしてアク抜きをしておきましょう

おかずなめたけ

食卓にあるとうれしい優秀常備菜。ご飯のお供にはもちろん、お酒のアテや、もう一品欲しいときなどに便利に活用できます

冷蔵 10日
冷凍 1か月

材料（4人分）

えのきだけ…2袋
好みのきのこ（しめじ、まいたけなど）…300g
酒…大さじ3
A しょうゆ、めんつゆ（3倍濃縮）…各大さじ1

つくり方

1 えのきは根元を切り落として長さを3〜4等分に切る。しめじは石づきを除いてほぐす。まいたけはほぐす。
2 フライパンに**1**を入れ、酒をふってフタをし、弱めの中火にかける。8〜10分煮、合わせた**A**を加えて味をからめる。

Memo

●えのきだけでなく、好みのきのこを加えた“ミックスなめたけ”にすると味も風味もアップします
●きのこは水で洗わず、できるだけ手でほぐし、ゆっくり加熱すると、うま味が引き出せて味もなじみます
●好みで一味唐辛子や豆板醤を加えても

れんこんの辛みそ炒め

シャキシャキ食感が心地よい、みそ味のきんぴら風おかず。れんこんの皮をむかずに調理するので、手早く完成！

材料（4人分）
れんこん…200g
ごま油…大さじ1
にんにくのすりおろし（チューブ）…小さじ1

A
みそ、砂糖、みりん…各小さじ2
酢…小さじ1
赤唐辛子（輪切り）…小さじ1（1本分）

つくり方
1 れんこんは皮つきのまま5㎜厚さのいちょう切りにする。
2 フライパンにごま油、にんにく、1を入れてよく混ぜ、弱めの中火にかけ、4〜5分焼く。れんこんが透きとおってきたら合わせたAを加え、汁気がなくなるまで炒め合わせる。

冷蔵 1週間　冷凍 1か月

Memo
●溶き卵に混ぜて焼いて卵焼きにしたり、細かく刻んで混ぜご飯やおにぎりの具にしても、おいしくいただけます

小松菜のナムル

小松菜をゆでて調味料とあえるだけ。ごま油を使うことで少しの調味料で味がしっかりつき、コクのある仕上がりに！

材料（4人分）
小松菜…2束（400g）

A
ごま油…大さじ1 1/3
しょうゆ、顆粒鶏ガラスープ、いりごま（白）…各小さじ1
こしょう…小さじ1/2

つくり方
1 小松菜は4〜5㎝長さに切る。
2 鍋にたっぷりの湯を沸かし、1を茎、葉の順に入れる。再沸騰したらザルに上げ、水に取って水気をしっかり絞る。
3 ボウルにAを混ぜ合わせ、2を加えてあえる。

冷蔵 1週間　冷凍 1か月

Memo
●ゆでた小松菜はしっかりと水気を絞ってから調味料とあえましょう。水気が多いと味がぼやけ、つくりおきにも向きません

9月

2週目

おしながき

肉、魚、大豆製品がバランスよくとれるつくりおきです。副菜では、大好きなきのこやキャベツを大量消費できるおかずを。うま味たっぷりで箸が止まりません

サブおかず

和風きのこマリネ
▶P.30
冷蔵 5日　冷凍 1か月

厚揚げの甘辛しょうが煮
▶P.31
冷蔵 4日　冷凍 1か月

キャベツのおかかマヨあえ
▶P.31
冷蔵 5日　冷凍 1か月

メインおかず

いわしの野菜煮込み
▶P.28
冷蔵 5日　冷凍 1か月

鶏胸肉とごぼうの甘辛ごま炒め
▶P.29
冷蔵 5日　冷凍 1か月

鶏胸肉と玉ねぎのガリバタしょうゆ
▶P.30
冷蔵 5日　冷凍 1か月

食材リスト

肉

いわし…8尾
鶏胸肉…4枚
（約1.2kg）

野菜

玉ねぎ…2½個
にんじん…⅓本
セロリ…½本
ごぼう…中2本
好みのきのこ（えのきだけ、エリンギ、しいたけ、しめじなど）…400g
キャベツ…½個
にんにく…1かけ
しょうが…1かけ

その他

トマト缶（ホール状）…1缶（400g）
厚揚げ…4個
かつお節…小2パック（5〜6g）
いりごま（白）…大さじ4
すりごま（白）…大さじ1⅓

いわしの野菜煮込み

脂ののった秋のいわし。しっかりと焼きつけてから野菜と煮込むことで、びっくりするほどおいしくなります。冷たくても温かくても、どちらも美味

冷蔵 5日
冷凍 1か月

Memo
●いわしの下処理をするときは、まな板に新聞新を敷いてその上で作業をすると、まな板が汚れず、あと片づけもラクチンです
●ご飯やゆでたペンネを添え、ワンプレートメニューにしても。残ったソースはバゲットにつけて食べてもおいしいです

材料（4人分）
いわし…8尾
塩…小さじ1
こしょう…少し
片栗粉…大さじ3
玉ねぎ…½個
にんじん…⅓本
セロリ…½本
にんにく…1かけ
オリーブオイル…大さじ4
トマト缶（ホール状）…1缶（400g）

つくり方

1 いわしは頭と内臓を除き、水洗いして水気をふき、塩をふって10分ほどおく。水気をふいてこしょうをふり、片栗粉をまぶす。玉ねぎは薄切り、にんじんは千切り、セロリは斜め薄切りにする。にんにくはみじん切りにする。

2 フライパンにオリーブオイル大さじ3を強めの中火で熱し、**1**のいわしを並べ入れ、表裏を1～2分ずつ焼き、フタをして弱めの中火でさらに3～4分焼き、取り出す。

3 **2**のフライパンをきれいにし、残りのオリーブオイルを足して弱火で熱し、**1**のにんにくを炒める。香りが立ったら**1**の玉ねぎ、にんじん、セロリを加え、フタをして5分ほど蒸し焼きにする。しんなりしたらトマトを缶汁ごと加え、ヘラなどでつぶす。煮立ったら**2**を戻し入れ、弱火で10分ほど煮る。

鶏胸肉とごぼうの甘辛ごま炒め

ごまたっぷりの甘辛いたれがとろっとからんだ、ご飯のすすむ味。
ごぼうの香りと歯ごたえが、やわらかな鶏胸肉のおいしさを引き立てます

冷蔵 5日

冷凍 1か月

材料（4人分）

鶏胸肉…2枚（約600g）
ごぼう…中2本
片栗粉…大さじ4
ごま油…大さじ3
A
- しょうゆ、酒、みりん…各大さじ3
- 砂糖、酢…各大さじ1

いりごま(白)…大さじ4

つくり方

1. 鶏肉はひと口大のそぎ切りにする。ごぼうは5㎜厚さの斜め切りにする。ともにボウルに入れ、片栗粉をまぶす。
2. フライパンにごま油をひき、**1**を広げ入れ、フタをして弱火にかける。肉に焼き色がついたら上下を返し、さらに2～3分蒸し焼きにする。
3. **2**に合わせた**A**を加えて味をからめ、ごまを加え混ぜる。

Memo

●ごぼうは皮の付近に香りやうま味が詰まっています。ナイロンたわしなどでこすり洗いして泥を落とし、皮はむきません

鶏胸肉と玉ねぎのガリバタしょうゆ

バターとにんにく、黒こしょう使いでパンチの効いた味に。とろとろの玉ねぎがからんで、胸肉とは思えないやわらかさです

材料（4人分）

鶏胸肉…2枚（約600g）
玉ねぎ…2個
片栗粉…大さじ2
サラダ油…小さじ2
バター…30g

A
- しょうゆ…大さじ3
- みりん…大さじ1
- にんにくのすりおろし（チューブ）…小さじ1

粗びきこしょう（黒）…小さじ½

つくり方

1 鶏肉はひと口大のそぎ切りにし、片栗粉をまぶす。玉ねぎは半分に切り、繊維に沿って5㎜幅に切る。

2 フライパンにサラダ油をひき、1の鶏肉を広げ入れ、フタをして弱火にかける。焼き色がついたら上下を返し、1の玉ねぎを加えてざっと混ぜる。

3 2にバター、合わせたAを加えてなじませ、さらに7～8分蒸し焼きにする。フタを取って全体を底から混ぜ、味をからめる。

冷蔵 5日　冷凍 1か月

Memo
●胸肉はゆっくり焼くことでやわらかく仕上がります
●たっぷりの千切りキャベツを添えたり、レタスを敷いた上に盛りつけても

和風きのこマリネ

しょうゆベースの優しい味。じっくりと蒸し焼きにすることで、旬のきのこのうま味を最大限に引き出します

材料（4人分）

好みのきのこ（えのきだけ、エリンギ、しいたけ、しめじなど）…400g
オリーブオイル…大さじ1
にんにくのすりおろし（チューブ）…小さじ1
酒…大さじ1

A
- 酢…大さじ2
- しょうゆ、みりん…各大さじ1
- 顆粒鶏ガラスープ…小さじ1
- 赤唐辛子（輪切り・好みで）…小さじ1（1本分）

つくり方

1 えのきは根元を切り落として長さを3～4等分に切る。エリンギは長さを半分に切り、1㎝幅に切る。しいたけは石づきを除いて薄切り、しめじは石づきを除いてほぐす。

2 フライパンにオリーブオイル、にんにく、1を入れて混ぜ、酒をふる。フタをして弱火にかけ、5～6分蒸し焼きにする。合わせたAを加えて全体を混ぜ、ひと煮立ちしたら火を止める。

冷蔵 5日　冷凍 1か月

Memo
●マリネ液ごと使ってパスタソースにしたり、レタスやオニオンスライスにマリネ液ごとかけてもおいしくいただけます

厚揚げの甘辛しょうが煮

甘辛のだしがしみて、味がなじむほどにおいしくなります。もっちりふわふわの食感が好みなら、絹揚げでつくっても

材料（4人分）
厚揚げ…4個
A
しょうが（千切り）…1かけ
だし汁…2カップ
（または水2カップ＋顆粒和風だし小さじ1）
しょうゆ…大さじ2 2/3
砂糖…大さじ1 1/3
みりん…小さじ2

つくり方
1 厚揚げは熱湯で2～3分ゆでて油抜きをし、水気をきってひと口大に切る。
2 フライパンにAを入れて中火にかける。煮立ったら1を加え、再び煮立ったらフタをして6～7分煮る。

冷蔵 4日　冷凍 1か月

Memo
●厚揚げはゆでて表面の油を抜いてから煮含めると、味がしっかりとしみます
●一味唐辛子をふって食べても

キャベツのおかかマヨあえ

つくりおき向けに、キャベツはしっかりと蒸しゆでにします。うま味たっぷりのあえ衣で、いくらでも食べられるおいしさ！

材料（4人分）
キャベツ…1/2個
A
かつお節…小2パック（5～6g）
マヨネーズ…大さじ2
すりごま（白）…大さじ1 1/3
めんつゆ（3倍濃縮）、しょうゆ…各小さじ1 1/2

つくり方
1 キャベツはひと口大のざく切りにする。
2 フライパンに1を入れ、水1カップ、砂糖大さじ1、塩小さじ1（各分量外）を加えて軽くなじませ、フタをして強めの中火にかける。沸騰したら2分ほど蒸しゆでで、上下を返してさらに1～2分蒸しゆでにし、ザルに上げて粗熱を取る。
3 ボウルにAを混ぜ合わせ、2の水気を絞って加え、あえる。

冷蔵 5日　冷凍 1か月

Memo
●熱いうちに調味料とあえるとマヨネーズが分離するため、粗熱を取ります
●サンドイッチの具材にも使えます

9月 3週目

おしながき

秋の長雨で体がだるくてやる気も出ない……。そんなときは手間なしの時短レシピに限ります。しょうがやにんにくなどの香味野菜やスパイスを多用することで代謝アップも図ります

サブおかず

かぼちゃのにんにくじょうゆあえ
▶ P.35
冷蔵 5日　冷凍 1か月

キャベツのカレーマリネ
▶ P.36
冷蔵 5日

油揚げのこんにゃく入り含め煮
▶ P.36
冷蔵 5日

メインおかず

豚こまとしめじのしぐれ煮
▶ P.33
冷蔵 5日　冷凍 1か月

やわらか鶏マヨ
▶ P.34
冷蔵 5日　冷凍 1か月

鶏もも肉とブロッコリーのごままみれ
▶ P.34
冷蔵 5日　冷凍 1か月

食材リスト

肉

豚こま切れ肉…400g
鶏胸肉…2枚（約600g）
鶏もも肉…2枚（約600g）

野菜

しめじ…2パック
ブロッコリー…1株
かぼちゃ…1/2個
キャベツ…1/2個
しょうが…3かけ（100g）

その他

油揚げ…4枚
こんにゃく…1枚
すりごま（白）…大さじ3
いりごま（白）…大さじ1

豚こまとしめじのしぐれ煮

旬のきのこをどっさり加えて、ヘルシーにボリュームアップ。包丁いらずでササッとつくれ、しょうがたっぷりの甘辛味がご飯によく合います

冷蔵 5日　冷凍 1か月

材料（4人分）

豚こま切れ肉…400g

しめじ…2パック

しょうが…3かけ（100g）

A 水…¼カップ

しょうゆ…大さじ3

酒、みりん…各大さじ2

つくり方

1 しめじは石づきを除いてほぐす。しょうがは皮ごと千切りにする。

2 フライパンに豚肉、1、Aを入れ、フタをして強火にかける。煮立ったら中火で1分ほど煮る。フタを取ってざっと混ぜ、汁気が少なくなるまでさらに6〜7分煮る。

Memo

●しょうがは皮ごと千切りにすると、香りや風味が引き立ちます。千切りスライサーを使うとラクにきれいにできます

やわらか鶏マヨ

下処理のいらない鶏胸肉を使い、エビマヨならぬ鶏マヨに。ほんのり甘い味つけで、家族にも大好評の一品です

材料（4人分）

鶏胸肉…2枚（約600g）
片栗粉…大さじ3
サラダ油…小さじ2

A
マヨネーズ…大さじ3
トマトケチャップ
…大さじ1
砂糖、レモン汁
…各小さじ1

つくり方

1 鶏肉はひと口大のそぎ切りにし、片栗粉をまぶす。

2 フライパンにサラダ油をひき、1を広げ入れ、フタをして弱火にかける。焼き色がついたら上下を返し、さらに2〜3分蒸し焼きにする。

3 2に合わせたAを加え、ざっと味をからめる。

冷蔵 5日　冷凍 1か月

Memo
アスパラやブロッコリーを加えても。味が薄いようならマヨネーズやケチャップを小さじ½から加えて調整を

鶏もも肉とブロッコリーのごままみれ

ごまたっぷりの甘辛みそ味でコクも食べごたえも満点。ブロッコリーは生のまま加えるので、手間なしです

材料（4人分）

鶏もも肉…2枚（約600g）
ブロッコリー…1株
片栗粉…大さじ2
ごま油…小さじ2

A
すりごま（白）…大さじ3
酒、しょうゆ、みりん、
コチュジャン、
いりごま（白）…各大さじ1

つくり方

1 鶏肉はひと口大に切り、片栗粉をまぶす。ブロッコリーは小房に分け、茎はかたい皮を除いて斜め薄切りにする。

2 フライパンにごま油をひき、1の鶏肉を皮目を下にして並べ入れ、中火にかける。焼き色がついたら上下を返し、弱めの中火でさらに5分ほど焼く。

3 2に1のブロッコリーを加えてざっと混ぜ、全体に油が回ったらフタをして2〜3分蒸し焼きにする。フタを取って合わせたAを加え、汁気を飛ばしながら味をからめる。

冷蔵 5日　冷凍 1か月

Memo
●ブロッコリーの房は包丁で切るとモロモロになってしまいます。軸の方から切り目を途中まで入れ、手で裂きましょう

かぼちゃのにんにくじょうゆあえ

香ばしいにんにくの香りが食欲を刺激して、止まらなくなるおいしさ。パンチがあるので、かぼちゃの甘味が苦手な人にもおすすめです

冷蔵 5日

冷凍 1か月

材料（4人分）

かぼちゃ…1/2個

オリーブオイル…大さじ2

A

めんつゆ（3倍濃縮）…大さじ1 1/3

酢…小さじ2

にんにくのすりおろし（チューブ）、粗びきこしょう（黒）…各小さじ1

つくり方

1 かぼちゃは種とワタを除いて4㎝長さ、7㎜厚さのくし形に切る。

2 フライパンにオリーブオイル、**1**を入れて混ぜ、フタをして弱めの中火にかける。焼き色がついたらざっと混ぜ、さらに3～4分蒸し焼きにする。

3 ボウルに**A**を混ぜ合わせ、**2**を熱いうちに加えてあえる。

Memo

●かぼちゃを焼く際はいじりすぎるとくずれてしまうので、できるだけほったらかしに。火をとおしてから調味料を加えると、しっかりと味がしみます

●砕いたナッツを一緒に入れてあえたり、サラダの具材としてたっぷりのせてもおいしいです

キャベツのカレーマリネ

カレーの風味を効かせた、さっぱりとした味わい。
そのままはもちろん、サンドイッチの具材にもよく合います

材料（4人分）
キャベツ…½個
塩…大さじ1
A
サラダ油…大さじ3
酢…大さじ1
カレー粉…小さじ1
砂糖、顆粒洋風だし…各小さじ½

つくり方
1 キャベツは7㎜幅に切り、塩をふり混ぜて10分ほどおく。
2 熱湯に1を入れ、10数えたらザルに上げ、水に取って水気をしっかり絞る。
3 ボウルにAを混ぜ合わせ、2を加えてあえる。

冷蔵5日

Memo
●マヨネーズや甘辛みそ味のこってりとした料理のつけ合わせによく合います
●コーンやハム、玉ねぎを加えても

油揚げのこんにゃく入り含め煮

手軽につくれる正統派の和風総菜。油揚げをたっぷり使い、
しみじみとした滋味深い味に仕上げました

材料（4人分）
油揚げ…4枚
こんにゃく…1枚
だし汁…1カップ
（または水1カップ＋顆粒和風だし小さじ½）
A
しょうゆ、酒…各大さじ2
砂糖、みりん…各小さじ2

つくり方
1 油揚げは縦半分に切って1・5㎝幅に切り、熱湯を回しかけて油抜きをする。こんにゃくは縦半分に切って5㎜幅に切る。
2 フライパンに1のこんにゃくを広げ入れ、強めの中火にかけ、から炒りする。水分が飛んだら1の油揚げ、合わせたAを加えて2分ほど煮る。食べるときに好みで一味唐辛子（分量外）をふっても。

冷蔵5日

Memo
●しっかり冷ますと、より味がしみます
●こんにゃくの代わりに好みのきのこやにんじん、切り干し大根を使っても

9月

4週目

おしながき

給料日前だから今週は節約モード。特売で豚こまと鶏胸肉をまとめてゲットし、味や調理法に変化をつけることで楽しみます。副菜では、秋の味覚をふんだんに使います

サブおかず

里いもと桜えびのサラダ
▶ P.40
冷蔵 5日　冷凍 1か月

ひじきのごぼう入りきんぴら
▶ P.41
冷蔵 1週間　冷凍 1か月

きのこのアヒージョ
▶ P.41
冷蔵 1週間　冷凍 1か月

メインおかず

豚こまとなすの速攻トマト煮
▶ P.38
冷蔵 5日　冷凍 1か月

豚こまと玉ねぎのマヨマスタード炒め
▶ P.39
冷蔵 5日　冷凍 1か月

鶏胸肉とキャベツの中華風蒸し煮
▶ P.39
冷蔵 5日　冷凍 1か月

食材リスト

肉

豚こま切れ肉…700g
鶏胸肉…2枚（約600g）

野菜

なす…5個
玉ねぎ…2個
キャベツ…½個
里いも…6〜8個（500g）
ごぼう…大1本
好みのきのこ
（まいたけ、しめじ、エリンギ、えのきだけ、しいたけ、マッシュルームなど）…500g
にんにく…3〜4かけ

その他

トマト缶（カット状）…1缶（400g）
桜えび（またはアミえび）…20g
ひじき（乾燥）…15g
いりごま（白）…大さじ2
白ワイン（または酒）…小さじ2

冷蔵 5日　冷凍 1か月

豚こまとなすの速攻トマト煮

味つけは塩と香辛料のみ。オレガノを入れると風味が格段にアップします。できたてのアツアツはもちろん、つくりおいてしっかり冷やしたものもおいしくいただけます

材料（4人分）

- 豚こま切れ肉…300g
- なす…5個
- にんにくのすりおろし（チューブ）…小さじ1
- 赤唐辛子（輪切り・好みで）…小さじ1（1本分）
- 塩…小さじ1
- トマト缶（カット状）…1缶（400g）
- オレガノ（乾燥・あれば）…小さじ½
- 粗びきこしょう（黒）…小さじ¼

つくり方

1 なすはヘタを除いてひと口大の乱切りにする。

2 フライパンに油をひかずに豚肉を広げ入れ、弱めの中火にかける。肉の色が変わったらにんにくを加えてなじませ、2～3分焼く。

3 **2**に赤唐辛子、**1**、塩を加えてざっと混ぜる。トマト缶、オレガノを加え、煮立ったらフタをして中火で5～6分煮る。フタを取って全体を混ぜてこしょうをふり、さらに1分ほど煮る。

Memo

●なすは豚こまから出た脂だけで炒めると、すっきりした味に仕上がります。全体に脂が回る程度にざっと混ぜればOK

豚こまと玉ねぎのマヨマスタード炒め

まろやかなコクと風味で、シンプルな炒め物も極上の味に。
玉ねぎは蒸し煮にすると、甘味も増してとろとろに仕上がります

材料（4人分）
豚こま切れ肉…400g
玉ねぎ…2個
片栗粉…大さじ4
サラダ油…小さじ2
A
マヨネーズ…大さじ3
粒マスタード…大さじ2
酒…大さじ1
砂糖…小さじ2

つくり方
1 豚肉は片栗粉をまぶす。玉ねぎは半分に切り、繊維に沿って5㎜幅に切る。
2 フライパンにサラダ油をひき、1の豚肉を広げ入れ、弱めの中火にかける。焼き色がついたら上下を返し、1の玉ねぎを加えてざっと混ぜる。
3 2に合わせたAを加え、フタをして10～12分煮る。途中、一度混ぜる。フタを取り、汁気を飛ばしながら味をからめる。

冷蔵 5日　冷凍 1か月

Memo
●どんぶり飯やのっけ弁当にしてもおいしいです。こってり味が好みなら卵を落としたり、さらにマヨネーズをかけても

鶏胸肉とキャベツの中華風蒸し煮

一品で肉も野菜もたっぷり食べられる、安うまおかず。
にんにくの効いた、コクのある味がやみつきに！

材料（4人分）
鶏胸肉…2枚（約600g）
キャベツ…1/2個
片栗粉…大さじ4
ごま油…大さじ1
酒…大さじ3
A
しょうゆ…大さじ1
顆粒鶏ガラスープ…小さじ1 1/2
にんにくのすりおろし（チューブ）…小さじ1
砂糖、塩…各小さじ1/2
こしょう…小さじ1/4

つくり方
1 鶏肉はひと口大のそぎ切りにし、片栗粉をまぶす。キャベツはひと口大のざく切りにする。
2 フライパンにごま油をひき、1の鶏肉を広げ入れ、フタをして弱火にかける。焼き色がついたら上下を返し、1のキャベツを加えて酒をふり、さらに7～8分蒸し煮にする。
3 2に合わせたAを加え、再びフタをしてひと煮し、フタを取って全体を混ぜて味をからめる。

冷蔵 5日　冷凍 1か月

Memo
●お好みで、ラー油をかけても
●かた焼きそばやあんかけ焼きそばの具材としても使えます

里いもと桜えびのサラダ

里いもでつくる、秋バージョンのポテサラです。隠し味のしょうゆと桜えびの香ばしい食感で、いつもとはひと味違うおいしさを楽しめます

冷蔵 5日
冷凍 1か月

材料（4人分）

里いも…6～8個（500g）
桜えび（またはアミえび）…20g
A マヨネーズ…大さじ2
　しょうゆ…小さじ1

つくり方

1 里いもはよく洗い、フライパンまたは鍋に入れ、かぶるくらいの水を注いで強火にかける。沸騰したら中火にし、竹串がスーッと通るまで15～20分ゆでる。ザルに上げて粗熱を取り、皮をむく。

2 ボウルに1を入れて桜えび、Aを加え、里いもをつぶしながら全体を混ぜ合わせる。

Memo

●熱いうちにマヨネーズとあえると分離してしまうので、粗熱を取ってから加えましょう
●里いもは粗くつぶすとホクホク、もっちりとした食感に、しっかりとつぶすとクリーミーでねっとりとした食感に仕上がります。お好みでどちらに仕上げてもかまいません

ひじきのごぼう入りきんぴら

ミネラルも食物繊維も豊富。たっぷり食べられる味つけなので、つくっておくと副菜だけでなく、酒の肴にも重宝します

材料（4人分）

- ひじき（乾燥）…15g
- ごぼう…大1本
- ごま油…小さじ2
- A
  - しょうゆ…大さじ2
  - 酒、みりん…各大さじ1
  - 砂糖…小さじ2
  - 顆粒和風だし…小さじ1
- B
  - いりごま（白）…大さじ2
  - 一味唐辛子（好みで）…小さじ1/4

つくり方

1 ひじきはたっぷりの水に10〜15分つけて戻し、ザルに上げて水気をきる。ごぼうは縦半分に切って2〜3㎜厚さの斜め切りにする。

2 フライパンに**1**のごぼう、ごま油を入れて混ぜ、フタをして弱めの中火にかける。2分ほどしたら**1**のひじき、合わせた**A**を加え、さらに3〜4分蒸し煮にする。

3 **2**に**B**を加え、混ぜながら中火で汁気を飛ばす。

冷蔵 1週間　冷凍 1か月

Memo

●ひじきを戻す際、砂などがついていることがあるので、砂を落とすようにひじきをすくって取り出すとよいです

きのこのアヒージョ

シンプルながら、香りよし、食感よしでうま味も濃厚。温め直さず、冷たいままでもおいしくいただけます

冷蔵 1週間　冷凍 1か月

材料（4人分）

- 好みのきのこ（まいたけ、しめじ、エリンギ、えのきだけ、しいたけ、マッシュルームなど）…500g
- にんにく…3〜4かけ
- 赤唐辛子…1本
- オリーブオイル…1カップ
- 塩…小さじ1/2
- 白ワイン（または酒）…小さじ2
- 粗びきこしょう（黒）…小さじ1/4

つくり方

1 きのこは石づきを除いて食べやすく切る。にんにくは薄切りにする。赤唐辛子は種を除く。

2 フライパンに**1**、オリーブオイル、塩を入れて弱火にかける。きのこがしんなりしたらざっと混ぜて5〜6分煮、全体を混ぜる。

3 **2**に白ワインを加えてひと煮立ちさせ、こしょうをふる。

Memo

●たこ、えび、いかなどを入れても
●残ったオイルはパンにつけて食べたり、炒め物に利用するのもおすすめです

10月 1週目

おしながき

新米のおいしい季節です。
そこで今週は、
さばのみそ煮をはじめ、
ガーリックバターや
オイスターソースの
しっかり味のおかずを
つくりおきにします。
ご飯が止まりません！

サブおかず

大量消費 小松菜のにんにく蒸し煮
▶ P.45
冷蔵 5日　冷凍 1か月

れんこんとひじきのマスタードツナサラダ
▶ P.46
冷蔵 5日　冷凍 1か月

油揚げの甘辛照り焼き
▶ P.46
冷蔵 1週間　冷凍 1か月

メインおかず

鶏もも肉とかぼちゃのガーリックバター
▶ P.43
冷蔵 5日　冷凍 1か月

さばのみそ煮
▶ P.44
冷蔵 4日　冷凍 1か月

豚こまと大根のオイスターソース炒め煮
▶ P.45
冷蔵 5日　冷凍 1か月

食材リスト

肉・魚

鶏もも肉…2枚（約600g）
さば（二枚におろしたもの）…1尾分
豚こま切れ肉…300g

野菜

かぼちゃ…1/3～1/4個（正味400g）
大根…1/2本
小松菜…2束（400g）
れんこん…300～400g
しょうが…1かけ

その他

ひじき（乾燥）…12g
ツナ缶（油漬けまたはノンオイル）…小1缶（70g）
油揚げ…4枚
いりごま（白）…大さじ1

鶏もも肉とかぼちゃのガーリックバター

ジューシーな鶏もも肉とかぼちゃの組み合わせで、食べごたえ満点！
バター風味とにんにくの香りが食欲を刺激します

冷蔵 5日　冷凍 1か月

材料（4人分）
鶏もも肉…2枚（約600g）
かぼちゃ…1/3〜1/4個（正味400g）
片栗粉…大さじ2
サラダ油…小さじ2
バター…20g

A
しょうゆ、酒…各大さじ2
にんにくのすりおろし（チューブ）…小さじ1
粗びきこしょう（黒）…小さじ1/2

つくり方

1 鶏肉はひと口大に切り、片栗粉をまぶす。かぼちゃは種とワタを除いて4cm長さ、7mm厚さのくし形に切る。

2 フライパンにサラダ油をひき、1の鶏肉を皮目を下にして並べ入れ、弱めの中火にかける。焼き色がついたら上下を返し、1のかぼちゃを加えてざっと混ぜ、フタをしてさらに6〜7分焼く。

3 2にバター、合わせたAを加え、全体を混ぜて味をからめる。

Memo

●バターと合わせ調味料は、鶏肉とかぼちゃに火をとおしてから最後に加えると、風味よく仕上がり、味もしっかりとしみ込みます

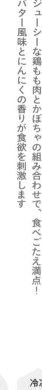

さばのみそ煮

10月 1週目

秋を感じる、こってりとしたみそ味の和食の定番おかずです。
フライパンでつくると煮くずれの失敗もなし。炊きたての新米と一緒にぜひ！

冷蔵 4日
冷凍 1か月

Memo
●みそやしょうゆは長時間煮込むと香りが飛んでしまうので、煮汁が沸騰してから調味料を加えるのが、香りよく仕上げるコツです
●仕上がってから30分以上冷まし、しっかりと味を含ませておくと、保存しても臭みが出にくくなり、おいしくいただけます

材料（4人分）
さば（二枚におろしたもの）…1尾分
しょうが…1かけ
水…1カップ

A
砂糖、酒、みりん
…各大さじ2
みそ…大さじ1
しょうゆ…小さじ2

つくり方
1 さばは1切れを半分に切り、皮目に十字の切り目を入れる。ボウルに入れてかぶるくらいの熱湯を注いで霜降りにし、水気をきって血合いを除く。しょうがは薄切りにする。
2 フライパンに1のさばを皮目を上にして並べ入れ、分量の水を注いで中火にかける。煮汁が沸騰したら、アクを除いて、1のしょうが、Aを加えてみそを溶き混ぜる。落としぶたをして弱火で12〜15分煮る。火を止めて30分ほどおいて味を含ませる。

豚こまと大根のオイスターソース炒め煮

こっくり味の中華のおかずです。大根の自然な甘味を生かすことで、砂糖なしでも満足のいくおいしさに！

材料（4人分）

豚こま切れ肉…300g
大根…½本
片栗粉…大さじ3
ごま油…小さじ2

A
オイスターソース、酒、しょうゆ…各大さじ2
しょうがのすりおろし（チューブ）…大さじ1

つくり方

1 豚肉は片栗粉をまぶす。大根は皮つきのまま7㎜厚さのいちょう切りにする。

2 フライパンにごま油をひき、**1**の豚肉を広げ入れ、弱めの中火にかける。焼き色がついたら上下を返し、**1**の大根を加えてざっと混ぜる。

3 **2**に合わせた**A**を加え、フタをして中火で5〜6分煮、フタを取って全体を混ぜて味をからめる。

冷蔵 5日　冷凍 1か月

Memo
●豚こまには片栗粉をまぶしておき、最後に合わせ調味料を加えると、少しとろみがついて全体的にまとまります

大量消費　小松菜のにんにく蒸し煮

小松菜をざくざく切って蒸し煮にするだけ。パンチの効いた味つけで、たっぷりの量が食べられます

材料（4人分）

小松菜…2束（400g）

A
酒、ごま油…各大さじ1
にんにくのすりおろし（チューブ）…小さじ2
顆粒鶏ガラスープ…小さじ1
赤唐辛子（輪切り・好みで）…小さじ1（1本分）
塩、こしょう…各小さじ½

つくり方

1 小松菜は3〜4㎝長さに切る。

2 フライパンに**1**、**A**を入れてよく混ぜ合わせ、フタをして弱めの中火にかける。5〜6分蒸し煮にし、小松菜がしんなりしたらざっと混ぜる。

冷蔵 5日　冷凍 1か月

Memo
●きのこ類やにんじん、きくらげなどをたしてつくっても
●卵でとじたり、スープの具材としても活用できます

10月 1週目

れんこんとひじきのマスタードツナサラダ

和食材のひじきをデリ風サラダに。れんこんの歯ざわりと、粒マスタードの酸味が効いたおしゃれ味です

冷蔵 5日　冷凍 1か月

材料（4人分）

れんこん…300〜400g
ひじき（乾燥）…12g
ツナ缶（油漬けまたはノンオイル）…小1缶（70g）
A
粒マスタード…大さじ2
マヨネーズ、いりごま（白）、めんつゆ（3倍濃縮）…各大さじ1

つくり方

1 ひじきはフライパンまたは鍋に入れてかぶるくらいの水を注ぎ、フタをして中火にかける。沸騰したら火を止めて5分ほどおき、ザルに上げて水気をきって冷ます。れんこんは皮つきのまま2〜3㎜厚さのいちょう切りにし、熱湯で1〜2分ゆでで、水にさらして水気をきる。

2 ボウルにツナを缶汁ごと入れ、Aを加えて混ぜ合わせ、1を加えてあえる。

Memo

●ひじきの砂やゴミが気になる場合は、ボウルに入れて水を2〜3回替えて水洗いしてからゆで戻すとよいです

油揚げの甘辛照り焼き

油揚げをカリッと焼いて、調味料をからめれば完成。簡単なのにおいしくて、ご飯にもお酒にもよく合います

冷蔵 1週間　冷凍 1か月

材料（4人分）

油揚げ…4枚
A
めんつゆ（3倍濃縮）、みりん…各大さじ1⅓
しょうゆ…小さじ2
酢…小さじ1

つくり方

1 油揚げは縦半分に切って3㎝幅に切り、熱湯を回しかけて油抜きをする。

2 フライパンに1を広げ入れ、強めの中火にかける。焼き色がついたらざっと混ぜ、さらに2分ほど焼く。火を止めて合わせたAを回し入れ、味をからめる。食べるときに好みで刻んだ長ねぎを添えて一味唐辛子（各分量外）をふっても。

Memo

●油揚げは油をひかずに焼くとカリッと仕上がります
●青じその千切りをのせたり、マヨネーズをかけて食べても

10月

2週目

おしながき

みんなが好きなカレーや
から揚げ、トマト煮を
乾物や大豆、ごまを使って
ミネラル&食物繊維
たっぷりに!
油分も控えめにした、
ヘルシーおかずで
健康をサポート

サブおかず

切り干し大根のトマト煮
▶ P.50
冷蔵 5日　冷凍 1か月

水菜とツナのサラダ
▶ P.51
冷蔵 4日

たたきれんこんの黒こしょう炒め
▶ P.51
冷蔵 5日　冷凍 1か月

メインおかず

ひじきと大豆のドライカレー
▶ P.48
冷蔵 5日　冷凍 1か月

揚げないごまから揚げ
▶ P.49
冷蔵 5日　冷凍 1か月

豚こまとキャベツのしょうゆマヨ炒め
▶ P.50
冷蔵 5日　冷凍 1か月

食材リスト

肉

鶏ひき肉…200g
鶏もも肉
…2枚(約600g)
豚こま切れ肉…300g

野菜

玉ねぎ…1個
キャベツ…½個
水菜…1束(200g)
れんこん…300g
にんにく…1かけ

その他

ひじき(乾燥)…30g
大豆(水煮)…130g
卵…1個
切り干し大根…60g
トマト缶(カット状)…1缶(400g)
ツナ缶(油漬けまたはノンオイル)
…小2缶(70g×2)
いりごま(白)…大さじ3

ひじきと大豆のドライカレー

食物繊維の補給にもぴったりの、ヘルシーな和風ドライカレーです。豆のホクホクの食感が楽しく、玄米や雑穀米によく合います

Memo

●市販のカレールウを使わないので、ダイエット中の方でも安心。ひじきや大豆の、煮物以外のメニューとして覚えておくと便利です

●大豆の代わりにひよこ豆やミックスビーンズを使ったり、刻んだにんじんやいんげんなどを一緒に炒めてつくっても

冷蔵 5日　冷凍 1か月

材料（4人分）

鶏ひき肉…200g
ひじき（乾燥）…30g
大豆（水煮）…130g
玉ねぎ…1個
サラダ油…大さじ1
しょうがのすりおろし（チューブ）…大さじ1
にんにくのすりおろし（チューブ）…小さじ1
カレー粉…大さじ2
一味唐辛子（好みで）…小さじ1/4

A
水…1カップ
トマトケチャップ、しょうゆ、酒…各大さじ1
顆粒洋風だし…小さじ1

つくり方

1 ひじきはたっぷりの水に10～15分つけて戻し、ザルに上げて水気をきる。大豆は水気をきる。玉ねぎはみじん切りにする。

2 フライパンにサラダ油、しょうが、にんにくを入れて弱火にかける。香りが立ったら1の玉ねぎを加えて炒め、玉ねぎがしんなりしたらカレー粉、一味唐辛子を加えて混ぜる。ひき肉を広げ入れ、肉の色が変わったらヘラで切るようにしながら炒め合わせ、1のひじき、大豆を加えてざっと混ぜる。

3 2にAを加えてなじませ、煮汁がほとんどなくなるまで中火で3～4分炒め煮にする。

揚げないごまから揚げ

下味をつけたら、あとはオーブンまかせでOK。ごまのプチプチした食感とスパイシーな味つけがおいしい、オイルフリーのから揚げです

冷蔵 5日

冷凍 1か月

材料（4人分）

鶏もも肉…2枚（約600g）

塩…小さじ2

A
- しょうゆ、酒…各大さじ2
- にんにくのすりおろし（チューブ）…小さじ1
- しょうがのすりおろし（チューブ）…小さじ1/2

B
- 卵…1個
- 片栗粉…大さじ6
- いりごま（白）…大さじ3
- こしょう…小さじ1

つくり方

1 鶏肉はひと口大に切り、塩をふってよくもみ、10〜20分おく。

2 ポリ袋に**1**を入れ、**A**を加えてよくもみ、冷蔵庫で30分以上おく。

3 ボウルに**B**を混ぜ合わせ、**2**を加えてからめる。

4 天板にクッキングシートを敷いて**3**を並べ、250℃に予熱したオーブンで焼き色がつくまで17〜18分焼く。

Memo

●フライパンの場合は、サラダ油を薄くひき、弱火で両面焼いてください。オーブントースターの場合は、10分加熱し、アルミ箔をかぶせて5分、裏返して5分、きつね色になるまで加熱します
●胸肉や手羽先でつくってもおいしくできます

豚こまとキャベツのしょうゆマヨ炒め

しょうゆとマヨネーズを合わせると、こってりしすぎずマイルドに。香ばしいたれがとろっとからんで、ご飯によく合います

材料（4人分）

豚こま切れ肉…300g
キャベツ…1/2個
片栗粉…大さじ3
サラダ油…小さじ2
酒…大さじ3

A
- マヨネーズ…大さじ3
- しょうゆ…大さじ2 2/3

つくり方

1 豚肉は片栗粉をまぶす。キャベツはひと口大のざく切りにする。

2 フライパンにサラダ油をひき、**1**の豚肉を広げ入れ、弱めの中火にかける。焼き色がついたら上下を返し、**1**のキャベツを加える。酒をふり、フタをしてキャベツがしんなりするまで4～5分蒸し焼きにし、ざっと混ぜる。

3 **2**に合わせた**A**を加え、味をからめる。

冷蔵 5日　冷凍 1か月

Memo
●仕上げの際、一見煮汁がたっぷりに見えても意外に煮詰まっています。加熱しすぎて焦がさないようにしましょう

切り干し大根のトマト煮

切り干し大根は、じつはトマトと相性が抜群。ノンオイルで仕上げた、お子さんにも食べやすい洋風煮物です

材料（4人分）

切り干し大根…60g
にんにく…1かけ

A
- トマト缶（カット状）…1缶（400g）
- 酒…大さじ2
- オレガノ（乾燥・好みで）…小さじ1/3

B
- 塩、粗びきこしょう（黒）…各小さじ1/4

つくり方

1 切り干し大根はザルに入れて流水で洗い、絞らずにそのままおいておく。にんにくは薄切りにする。

2 フライパンに**1**、**A**を入れてざっと混ぜ、フタをして強火にかける。煮立ったら**B**で調味し、弱火で5～6分煮る。食べるときに好みでオレガノ（乾燥・分量外）をふっても。

冷蔵 5日　冷凍 1か月

Memo
●切り干し大根は全体に流水がかかるように洗いましょう。長ければ、キッチンバサミで食べやすく切っておきます

水菜とツナのサラダ

レモン風味のさっぱり味。つくりたてはもちろん、時間がたってしっとり味がなじんだものもおいしいです

材料（4人分）

水菜…1束（200g）
ツナ缶（油漬けまたはノンオイル）…小2缶（70g×2）

A
- オリーブオイル…大さじ1
- レモン汁…小さじ2
- しょうゆ…小さじ1

粗びきこしょう（黒）…小さじ½

つくり方

1 水菜は根元を切り落とし、2〜3cm長さに切り、水にさらして水気をきる。

2 ボウルに**1**を入れ、ツナを缶汁ごと加え、**A**も加えてよくあえる。

冷蔵 4日

Memo
●水菜は水に放つことでアクを抜き、辛味やえぐみを取り除きます
●もみのりやごまをふって食べても

たたきれんこんの黒こしょう炒め

れんこんをたたいて、炒めてでき上がり。黒こしょうをたっぷり効かせて大人味に仕上げました

材料（4人分）

れんこん…300g
サラダ油…小さじ2

A
- しょうゆ、酒、みりん…各小さじ2
- 酢、顆粒鶏ガラスープ…各小さじ1

粗びきこしょう（黒）…小さじ½〜1

つくり方

1 れんこんは皮つきのまま、縦半分または4つに切る。ポリ袋に入れ、めん棒などでたたいてひと口大に割る。

2 フライパンにサラダ油を中火で熱し、**1**を広げ入れる。焼き色がついたら全体をざっと混ぜ、3分ほど焼く。弱めの中火にして合わせた**A**を加えてからめ、こしょうをふり混ぜる。

冷蔵 5日　冷凍 1か月

Memo
●れんこんをたたく際は、大きいかたまりのものを残さないようにしましょう。火のとおりが悪くなってしまいます

10月 3週目

おしながき

肌寒くなってくると、恋しくなるのが煮物です。いかと里いもの煮物に、ちょっと手間がかかる分、あとは炒め物などの簡単なつくりおきに。がんばりすぎないことが長続きの秘訣です

サブおかず

もやしの梅昆布おかかあえ
▶ P.55
冷蔵 5日　冷凍 1か月

さば缶と玉ねぎのサラダ
▶ P.56
冷蔵 4日　冷凍 1か月

きのこのだしびたし
▶ P.56
冷蔵 4日　冷凍 1か月

メインおかず

小松菜の肉みそ炒め
▶ P.53
冷蔵 5日　冷凍 1か月

いかと里いもの煮物
▶ P.54
冷蔵 5日　冷凍 1か月

豚こまとかぼちゃの甘辛炒め
▶ P.55
冷蔵 5日　冷凍 1か月

食材リスト

肉・魚

豚ひき肉…300g
いか…2はい
豚こま切れ肉…300g

野菜

小松菜…2束（400g）
里いも…10〜12個（800g）
かぼちゃ…1/3〜1/4個（正味400g）
もやし…2袋
玉ねぎ…2個
好みのきのこ（えのきだけ、まいたけ、ひらたけなど）…600g

その他

塩昆布…10g
かつお節…小2パック（5〜6g）
梅肉…大さじ1（梅干し大2個分）
さば缶（水煮）…2缶（190g×2）

小松菜の肉みそ炒め

肉みそのうま味をたっぷり吸った、小松菜が美味。最初に小松菜だけを蒸しゆでにし、余分な水分を除いてから炒めると、保存してもベタつきません

冷蔵 5日

冷凍 1か月

材料（4人分）

豚ひき肉…300g
小松菜…2束（400g）
ごま油…小さじ2
しょうがのすりおろし（チューブ）…大さじ1

A
みそ…大さじ2
砂糖、しょうゆ、酒、みりん…各大さじ1
片栗粉…小さじ2

つくり方

1 小松菜は4〜5㎝長さに切る。

2 フライパンに1を入れ、酒大さじ2、塩小さじ1/4（各分量外）をふってざっと混ぜる。フタをして中火にかけ、蒸気が上がったらフタを取って全体を混ぜ、ザルに上げて水気をきる。

3 2のフライパンをきれいにし、ごま油、しょうがを入れ、弱火にかける。香りが立ったらひき肉を広げ入れ、ときどきほぐしながら炒める。肉の色が変わったら、2を加えてざっと混ぜる。

4 3に合わせたAを加えて全体にからめ、1分ほど炒める。

Memo

- 鶏ひき肉でつくってもおいしくできます
- ご飯の上にたっぷりのせてどんぶり飯に。かた焼きそばやあんかけ焼きそばの具材として使ったり、卵とじやオープンオムレツにアレンジするなど、便利に使い回せます

10月 3週目

いかと里いもの煮物

秋になると食べたくなる、和食の定番。いかと里いもの下ごしらえに多少手間がかかりますが、つくってよかったと思える滋味深いおいしさです

冷蔵 5日

冷凍 1か月

Memo

●里いもは下ゆですると皮がむきやすくなり、味のしみ込みもよくなります

●いかは酒でさっとゆでて臭みを取りますが、火をとおしすぎるとかたくなるので、いったん取り出しておき、仕上げに加えましょう

材料（4人分）

いか…2はい

里いも…10～12個（800g）

酒…½カップ

だし汁…1½カップ

（または水1½カップ＋顆粒和風だし小さじ⅔）

砂糖…小さじ2

しょうゆ、みりん…各大さじ2

つくり方

1 里いもはよく洗い、鍋に入れてかぶるくらいの水を注ぎ、フタをして強火にかける。沸騰したら中火にし、10分ほどゆでる。ザルに上げて粗熱を取り、皮をむく。水洗いして水気をきる。

2 いかは胴から足を引き抜いてワタを除き、胴は1cm幅の輪切りにし、足は2本ずつに切り分ける。

3 鍋またはフライパンに酒、**2**を入れて中火にかける。沸騰したら10数え、いかの色が変わってふっくらしたら取り出す。

4 **3**の鍋にだし汁、砂糖、**1**を加えて強火にかける。煮立ったらアクを除き、しょうゆ、みりんを加え、落としぶたをして煮汁が½～⅓になるまで、弱火で10～15分煮る。**3**を戻し入れ、さらに1～2分煮る。

豚こまとかぼちゃの甘辛炒め

肉のうま味とかぼちゃの自然な甘味を生かしたので、味つけは控えめでもコクうま。子どもや女子にウケます

冷蔵 5日　冷凍 1か月

材料（4人分）

豚こま切れ肉…300g
かぼちゃ…1/3〜1/4個
（正味400g）
片栗粉…大さじ3
サラダ油…小さじ2
A
しょうゆ…大さじ2
みりん…小さじ2

つくり方

1 豚肉は片栗粉をまぶす。かぼちゃは種とワタを除いて4cm長さ、7mm厚さのくし形に切る。

2 フライパンにサラダ油をひき、1の豚肉を広げ入れ、弱めの中火にかける。焼き色がついたら上下を返し、1のかぼちゃを加えてざっと混ぜる。フタをしてさらに6〜7分焼く。

3 2に合わせた**A**を加え、味をからめる。

Memo
●マヨネーズやピザ用チーズをのせてオーブン焼きにしても。その際、ゆでたほうれん草などを加えてもおいしいです

もやしの梅昆布おかかあえ

うま味食材を味つけに使った、調味料いらずのレシピです。さっぱりいただけるので、食欲のないときでも箸がすすみます

冷蔵 5日　冷凍 1か月

材料（4人分）

もやし…2袋
A
塩昆布…10g
かつお節…小2パック
（5〜6g）
梅肉…大さじ1
（梅干し大2個分）

つくり方

1 フライパンにもやしを入れ、水2カップ、酢大さじ1（各分量外）を加え、フタをして強火にかける。沸騰したら火を止めてザルに上げ、水気をよくきる。

2 ボウルに**A**を混ぜ合わせ、1を加えてあえる。

Memo
●もやしは水からゆで、余熱で火をとおすのがシャキッと仕上げるコツ。少量の酢を加えると独特の臭みも抜けます

さば缶と玉ねぎのサラダ

缶詰利用で手軽につくれて、食べごたえもしっかり。玉ねぎはさっとゆでると辛味も消えて、甘さが引き出せます

材料（4人分）

さば缶（水煮）…2缶（190g×2）

玉ねぎ…2個

A
- マヨネーズ…大さじ2
- しょうゆ…大さじ1

つくり方

1 玉ねぎは半分に切り、繊維に沿って5㎜幅に切る。

2 鍋にたっぷりの湯を沸かし、1を入れる。再沸騰したらザルに上げ、水にさらして水気をしっかり絞る。

3 ボウルに2を入れ、さばを缶汁ごと加え、Aも加えてさばを軽くくずしながらあえる。

冷蔵 4日　冷凍 1か月

Memo

●最後に味をみて、薄いようならしょうゆでととのえます。小さじ½程度の量から加え、味をみながら調整しましょう

きのこのだしびたし

きのこのうま味と香りがギュッと凝縮された一品。短時間で簡単にできて、体も喜ぶおいしさです

材料（4人分）

好みのきのこ（えのきだけ、まいたけ、ひらたけなど）…600g

だし汁…1カップ（または水1カップ＋顆粒和風だし小さじ½）

A
- しょうゆ…大さじ2⅔
- みりん…大さじ1
- 赤唐辛子（輪切り・好みで）…小さじ1（1本分）

つくり方

1 えのきは根元を切り落として長さを3〜4等分に切る。まいたけ、ひらたけはほぐす。

2 フライパンに1、Aを入れ、フタをして中火にかける。蒸気が上がったらフタを取って全体を混ぜ、ふつふつしてきたら火を止める。

冷蔵 4日　冷凍 1か月

Memo

●きのこは2種類以上をミックスすると、おいしさが増します

●冷ややっこや温やっこにかけても

10月

4週目

おしながき

ハロウィンの週なので
パーティにも使えるよう、
洋風メニューを多めにし、
かぼちゃのサラダも
つくりおきします。
野菜たっぷりの
スープをつくれば、
満足度がググッとアップ

サブおかず

かぼちゃサラダ
▶ P.60
冷蔵 5日　冷凍 1か月

切り干し大根のペペロンチーノ
▶ P.61
冷蔵 5日　冷凍 1か月

れんこん青のりまぶし
▶ P.61
冷蔵 5日　冷凍 1か月

メインおかず

鶏胸肉としめじのトマト煮
▶ P.58
冷蔵 5日　冷凍 1か月

豚こまとごぼうの甘辛煮
▶ P.59
冷蔵 5日　冷凍 1か月

ひき肉と白菜のコンソメスープ
▶ P.59
冷蔵 4日　冷凍 1か月

食材リスト

肉

鶏胸肉…2枚（約600g）
豚こま切れ肉…300g
豚ひき肉…300g
ベーコン…4枚

野菜

しめじ…2パック
ごぼう…中2本
白菜…½個
かぼちゃ…½個
れんこん…300g
にんにく…2かけ

その他

トマト缶（カット状）…1缶（400g）
切り干し大根…60g
青のり（または青さ粉）…大さじ2

10月 4週目

鶏胸肉としめじのトマト煮

パーティメニューにもぴったりの、子どもも喜ぶ華やかな洋風煮物。肉のうま味にトマトの酸味と甘味が合わさった、深みのある味わいです

冷蔵 5日

冷凍 1か月

材料（4人分）

鶏胸肉…2枚（約600g）
しめじ…2パック
片栗粉…大さじ4
オリーブオイル…大さじ2

A
トマト缶（カット状）…1缶（400g）
トマトケチャップ、中濃ソース
…各大さじ1 1/3

つくり方

1 鶏肉はひと口大のそぎ切りにし、片栗粉をまぶす。しめじは石づきを除いてほぐす。

2 フライパンにオリーブオイルをひき、**1**の鶏肉を広げ入れ、フタをして弱火にかける。焼き色がついたら上下を返し、さらに2～3分蒸し焼きにし、**1**のしめじを加えてざっと混ぜる。

3 **2**に合わせた**A**を加え、5～6分煮る。

Memo

片栗粉は胸肉にもみ込むようにしてまぶしつけます。これでうま味が閉じ込められ、保存しても余分な水気が出にくくなります

豚こまとごぼうの甘辛煮

だし汁は使わず、肉のうま味でごぼうを炊き上げます。ごぼうは細めの乱切りにすると、香りと歯ごたえが楽しめます

材料（4人分）
豚こま切れ肉…300g
ごぼう…中2本
A
水…1/2カップ
しょうゆ…大さじ1 1/3
砂糖…大さじ3
みりん…大さじ1
赤唐辛子（輪切り・好みで）…小さじ1（1本分）

つくり方
1 ごぼうは4～5㎝長さの乱切りにし、水にさらして水気をきる。
2 フライパンに豚肉、1、Aを入れてざっと混ぜ、フタをして強火にかける。煮立ったら中火で6～7分煮る。フタを取って底から混ぜ、煮汁が少なくなるまでさらに3～4分煮る。

冷蔵 5日
冷凍 1か月

Memo
●ごぼうは水にさらしてアク抜きしてから使いましょう。長くさらすと栄養素が流れ出てしまうので、5分以内に

ひき肉と白菜のコンソメスープ

塩味ベースのシンプルな味つけ。とろとろになった白菜の優しい甘味が、じんわりと体にしみ入ります

材料（4～6人分）
豚ひき肉…300g
白菜…1/2個
A
水…2カップ
顆粒洋風だし…小さじ2
塩…小さじ2/3
粗びきこしょう（黒）…小さじ1/4

つくり方
1 白菜は縦半分に切って3㎝幅のざく切りにする。
2 フライパンに油をひかずにひき肉を広げ入れ、中火にかける。肉の色が変わったらヘラで全体をほぐし、1の半量を入れる。Aを加えて残りの1をのせ、フタをして強めの中火にかける。煮立ったら中火で7～8分煮、全体を底から混ぜ、再びフタをして弱めの中火でさらに4～5分煮る。
3 2にこしょうをふり混ぜ、弱火で1～2分煮る。

冷蔵 4日
冷凍 1か月

Memo
●保存の際は、鍋ごと水につけて周りを冷やしながら中身が空気にふれるようにかき混ぜると、手早く粗熱が取れます

かぼちゃサラダ

10月 4週目

ハロウィンに欠かせないかぼちゃは、手軽につくれるサラダに。
つぶしすぎない方が、ホクホクとした食感が生かせて、おいしいです

冷蔵 5日

冷凍 1か月

材料（4人分）

かぼちゃ…½個

にんにく…2かけ

塩、しょうゆ…各小さじ1

A
- マヨネーズ…大さじ2
- 粗びきこしょう（黒）…小さじ½

つくり方

1 かぼちゃは種とワタを除いて4〜5cm角に切る。にんにくは薄切りにする。

2 フライパンに1、塩を入れ、かぼちゃが半分ほどつかるくらいの水を注ぎ、フタをして強火にかける。沸騰したら弱火にし、かぼちゃに竹串がスーッと通るまでゆで、ザルに上げて水気をきる。

3 2をフライパンに戻し入れて中火にかけ、水気がほとんどなくなったらしょうゆを加え、すぐに火を止める。かぼちゃの⅓量程度をつぶしながらざっくり混ぜ、粗熱が取れたらAを加えてあえる。

Memo

●かぼちゃだけのシンプルなサラダなので、好みの具を加えてアレンジが楽しめます。野菜なら玉ねぎの薄切り、ゆでたさつまいもなど。タンパク質ならミックスビーンズ、ハム、炒めたベーコンなど。その他、クリームチーズやミックスナッツもよく合います

切り干し大根のペペロンチーノ

パスタでおなじみの味を、切り干し大根でアレンジしました。ベーコンと昆布のだしがしみ込んで、かむほどにうまい！

材料（4人分）

切り干し大根…60g
ベーコン…4枚

A
オリーブオイル…大さじ1
にんにくのすりおろし（チューブ）…小さじ1
赤唐辛子（輪切り・好みで）…小さじ1（1本分）

B
水…3/4カップ
酒…大さじ2
顆粒昆布だし（または顆粒和風だし）…小さじ1/2

C
塩…小さじ1/2
粗びきこしょう（黒）…小さじ1/4

つくり方

1 切り干し大根はザルに入れて流水で洗い、絞らずにそのままおいておく。ベーコンは7㎜幅に切る。

2 フライパンに**A**、**1**を入れて混ぜ、弱めの中火にかける。香りが立ったら**B**を加えてなじませ、煮立ったらフタをして4〜5分煮る。**C**で調味し、煮汁がほとんどなくなるまで煮る。

Memo
●盛りつける際はオレガノやバジル（各乾燥）をふったり、お好みで、レモンを絞って食べてもおいしいです

冷蔵 5日　冷凍 1か月

れんこん青のりまぶし

磯の香りとれんこんの心地よい食感で、箸がすすむ一品。まず砂糖から味つけすると、しっかりと味がなじみます

材料（4人分）

れんこん…300g
サラダ油…小さじ2
砂糖…小さじ1

A
めんつゆ（3倍濃縮）…大さじ1
しょうゆ、酢…各小さじ1

B
青のり（または青さ粉）…大さじ2
七味唐辛子（または一味唐辛子・好みで）…小さじ1/4

つくり方

1 れんこんは皮つきのまま5㎜厚さのいちょう切りにする。

2 フライパンに**1**、サラダ油を入れ、全体に油をからめて弱めの中火にかける。焼き色がついたらざっと混ぜ、3分ほど炒め、砂糖を加えてなじませる。

3 **2**に合わせた**A**を加え、汁気がなくなるまで味をからめる。

4 ボウルに**B**を混ぜ合わせ、**3**を加えてあえる。

冷蔵 5日　冷凍 1か月

Memo
●焦げつきやすい青のりは、フライパンではなくボウルであえます。これで、失敗なくつくれて香りも飛びません

11月 1週目

おしながき

バタバタの月初めは、
メインもサブも
少ない材料でつくりおき
できるメニューにします。
これなら、買い物も
下ごしらえもラクラクで
短時間で完成するので
ストレスフリー！

サブおかず

大豆とトマトのマリネサラダ
▶ P.65
冷蔵 1週間

焼きかぼちゃの照り焼き
▶ P.66
冷蔵 5日 冷凍 1か月

大量消費 白菜のコールスロー
▶ P.66
冷蔵 4日

メインおかず

豚こまのマヨポン酢漬け焼き
▶ P.63
冷蔵 5日 冷凍 1か月

れんこん和風ドライカレー
▶ P.64
冷蔵 1週間 冷凍 1か月

鶏じゃが
▶ P.64
冷蔵 5日

食材リスト

肉

豚こま切れ肉…400g
鶏ひき肉…300g
鶏もも肉
…2枚（約600g）

野菜

玉ねぎ…1½個
れんこん…300g
じゃがいも…中3〜6個（400〜500g）
トマト…1個
かぼちゃ…½個
白菜…½個
パセリ…2〜3枚
にんにく…1かけ
しょうが…1かけ

その他

大豆（水煮）…150g
いりごま（白）…大さじ2

豚こまのマヨポン酢漬け焼き

最小限の具材と調味料でできる、手間なしおかず。マヨネーズのコクとさっぱりとしたポン酢が相性抜群で、味も一発でピタリと決まります

冷蔵 5日

冷凍 1か月

材料（4人分）

豚こま切れ肉…400g
玉ねぎ…1個
A ポン酢しょうゆ…大さじ3
マヨネーズ…大さじ1

つくり方

1 玉ねぎは5㎜厚さのくし形に切る。

2 ボウルに**1**、豚肉を入れ、**A**を加えてよくもみ込む。

3 フライパンに油をひかずに**2**を広げ入れ、フタをして弱めの中火にかける。ときどき混ぜながら9〜10分焼く。

Memo

●焼いている間は、基本ほったらかしでかまいませんが、焦げないようにときどき混ぜてください

●具材をプラスしても。ピーマン、なす、にんじん、もやし、きくらげなどがおすすめです

●レタスの上にたっぷりのせて、おかずサラダにしても

れんこん和風ドライカレー

れんこんの歯ざわりが楽しい、シンプルなドライカレー。
ご飯に合うしょうゆベースの食べやすい味つけです

材料（4人分）

鶏ひき肉…300g
れんこん…300g
にんにく、しょうが…各1かけ
サラダ油…大さじ1 1/3

A
カレー粉…大さじ2
粉唐辛子（好みで）…小さじ1/4
しょうゆ…大さじ2 2/3

B
砂糖、酒…各大さじ1 1/3
酢…小さじ1

つくり方

1 ひき肉は熱湯で1分ほどほぐしゆで、ザルに上げる。れんこんは皮つきのまま1～1.5cm角に切る。にんにく、しょうがはみじん切りにする。

2 フライパンにサラダ油、1のにんにく、しょうがを入れて弱めの中火にかける。香りが立ったら1のれんこんを加えて炒める。れんこんが透きとおったら1のひき肉、Aを加えて1～2分炒め、合わせたBを加えて味をからめる。

Memo
●ひき肉をゆでてから調理することで、余分な脂やアクが落ち、冷蔵庫で保存する際も脂が固まるのを防げます

鶏じゃが

定番の和風おかずを鶏肉とじゃがいもだけでつくりました。
酢を隠し味に少し加えることで、コクがアップします

材料（4人分）

鶏もも肉…2枚（約600g）
じゃがいも…中3～6個（400～500g）
片栗粉…大さじ2
サラダ油…小さじ2

A
だし汁…1 1/2カップ（または水1 1/2カップ＋顆粒和風だし小さじ2/3）
砂糖…大さじ1 1/3
酢…小さじ1

B
しょうゆ…大さじ3
みりん…大さじ1

つくり方

1 鶏肉は大きめのひと口大に切り、片栗粉をまぶす。じゃがいもはひと口大に切る。

2 フライパンにサラダ油をひき、1の鶏肉を皮目を下にして並べ入れ、中火にかける。焼き色がついたら上下を返し、1のじゃがいもを加えてざっと混ぜる。

3 2にAを加えてなじませ、フタをする。煮立ったら中火で3分ほど煮、Bを加えてざっと混ぜ、再びフタをして10分ほど煮る。フタを取ってざっと混ぜ、煮汁を全体にからめる。

Memo
●バターをプラスしても
●お好みで、玉ねぎ、にんじん、しらたきなどを加えれば、具だくさんにアレンジできます

大豆とトマトのマリネサラダ

火を使わずにあえるだけ。さっぱり味で飽きのこないおいしさです。彩りがいいので、おもてなしのメニューにも活用できます

冷蔵 **1**週間

材料（4人分）

大豆（水煮）…150g
トマト…1個
玉ねぎ…½個
パセリ…2〜3枝

A
サラダ油…大さじ3
酢…大さじ2
レモン汁…大さじ1
砂糖…小さじ1
塩…小さじ½
粗びきこしょう（黒）…小さじ⅓

つくり方

1 大豆は水気をきる。トマトはヘタを除いて1㎝角に切る。玉ねぎはスライサーなどで薄切りにし、水にさらして水気をよく絞る。パセリは茎を切り落とし、粗みじんに切る。

2 ボウルに**A**を混ぜ合わせ、**1**を加えてあえる。

Memo

●大豆をミックスビーンズに替えると、さらに彩りがよくなります
●好みで、粒マスタードを小さじ1を目安に加えてもおいしいです
●トマトと同じくらいの大きさに切ったチーズを加えても。クリームチーズ、モッツァレラチーズ、カマンベールチーズが合います

焼きかぼちゃの照り焼き

素材1つでつくれる、ボリューミーな副菜です。こんがり焼いてから照りをつけると、香ばしさも満点！

材料（4人分）

かぼちゃ…½個
サラダ油…大さじ2
A
しょうゆ、みりん…各大さじ1⅓
砂糖、酢…各小さじ2
いりごま（白）…大さじ2

つくり方

1 かぼちゃは種とワタを除いて4cm長さ、5mm〜1cm厚さのくし形に切る。
2 フライパンにサラダ油、1を入れて混ぜ、フタをして弱めの中火にかける。焼き色がついたらざっと混ぜ、さらに5〜6分蒸し焼きにする。
3 2に合わせたAを加えて味をからめ、ごまをふり混ぜる。

冷蔵 5日　冷凍 1か月

Memo
●ピザ用チーズを混ぜ込んでオーブントースターで焼いたり、カリカリに焼いたベーコンやゆでたいんげんを加えても

大量消費 白菜のコールスロー

塩もみした白菜を、サラダ仕立てでいただきます。いつもとは違ったシャキシャキ食感が新鮮です

冷蔵 4日

材料（4人分）

白菜…½個
塩…大さじ2
A
サラダ油…大さじ3
マヨネーズ…大さじ1
砂糖、酢…各小さじ2
顆粒昆布だし（または顆粒和風だし）…小さじ1
こしょう…小さじ¼

つくり方

1 白菜は縦半分に切り、軸に近い方から繊維を断つように5mm幅に切る。
2 ボウルに1の軸の部分の半量を入れて塩大さじ1をふり混ぜる。残りの軸の部分を加えて塩小さじ2をふり混ぜ、さらに葉の部分を加えて塩小さじ1をふり、2〜3分もむ。しんなりして水分がたっぷりと出たら、水洗いして水気をきり、たっぷりの水にひたして2分ほどおき、水気を絞る。
3 ボウルにAを混ぜ合わせ、2の水気をさらにしっかり絞って加え、よくあえる。

Memo
●調味料とあえる前に、もう一度水気をしっかり絞っておくと、水っぽい仕上がりや保存中の味の薄まりが防げます

11月

2週目

おしながき

ビタミンB_1が豊富な豚肉のおかずや、長いもやニラなどのスタミナ食材を使った体力増強メニューがたくさん！疲労回復など健康管理にもお役立ち

サブおかず

厚揚げのコンソメマヨ照り焼き
▶ P.70
冷蔵 5日　冷凍 1か月

ニラとかまぼこの韓国風あえ
▶ P.71
冷蔵 5日　冷凍 1か月

じゃがいもの細切り炒め
▶ P.71
冷蔵 4日

メインおかず

豚こまと長いもの甘辛煮
▶ P.68
冷蔵 5日　冷凍 1か月

ロールチキン
▶ P.69
冷蔵 5日　冷凍 1か月

豚こまとブロッコリーのピリ辛オイスターソース炒め
▶ P.70
冷蔵 5日　冷凍 1か月

食材リスト

肉

豚こま切れ肉…600g
鶏もも肉
…1枚（300〜350g）

野菜

長いも…400g
パプリカ（赤）…1/4個
いんげん…4本
ブロッコリー…1株
ニラ…2束
じゃがいも…3個（約270g）
長ねぎの青い部分…1/2本分

その他

プロセスチーズ…50g
厚揚げ…4個
かまぼこ…1本（130〜160g）

豚こまと長いもの甘辛煮

豚肉×長いもは、滋養強壮にうってつけの最強コンビ。生とは違うホクホクとした長いもの食感も新鮮で、ご飯のすすむおいしさです

11月 2週目

冷蔵 5日
冷凍 1か月

材料（4人分）
豚こま切れ肉…300g
長いも…400g
片栗粉…大さじ3
サラダ油…小さじ2

A
だし汁…1½カップ
（または水1½カップ＋顆粒和風小さじ⅔）
砂糖…大さじ1⅓
しょうゆ…大さじ3

B
みりん…大さじ1
酢…小さじ1

つくり方

1 豚肉は片栗粉をまぶす。長いもは皮つきのままひと口大の乱切りにする。

2 フライパンにサラダ油をひき、**1**の豚肉を広げ入れ、弱めの中火にかける。焼き色がついたら上下を返し、**1**の長いもを加えてざっと混ぜる。

3 **2**に**A**を加え、フタをして長いもに火がとおるまで5〜6分煮る。合わせた**B**を加え、煮汁が少なくなるまで煮る。

Memo
●長いもは皮ごと使うと風味も栄養も逃がしません。よくこすり洗いをし、表面のひげ根やひげ根の跡が気になるようなら、包丁のみね（刃の反対側）で、軽くこそげ取っておきましょう
●豚ひき肉や豚薄切り肉でつくっても

ロールチキン

余り物の野菜などを使ってできる、簡単豪華な一品です。たこ糸は使用せず、アルミ箔で2重に巻くと手軽でうま味もしっかり閉じ込められます

冷蔵 5日
冷凍 1か月

材料（3〜4人分）

鶏もも肉…1枚（300〜350g）
塩…小さじ½
パプリカ（赤）…¼個
いんげん…4本
プロセスチーズ…50g
A
- 酒、みそ、みりん…各大さじ1
- 砂糖、しょうゆ…各小さじ1

つくり方

1 鶏肉は身の厚い部分を開いて皮目を下にし、1〜2㎝間隔の切り目を入れる。皮目にフォークで穴をあけ、両面に塩をすり込み、冷蔵庫で30分ほどおく。パプリカはヘタと種を除いて7〜8㎜幅に切る。いんげんは塩少し（分量外）を加えた熱湯で1分ほどゆで、水に取って水気をきる。チーズは7〜8㎜幅にきる。

2 **1**の鶏肉を水洗いし、水気をふく。アルミ箔2枚を重ねて敷いた上にのせ、手前に**1**のパプリカ、いんげん、チーズを並べる。ギュッと強めに巻き、左右の肉は中に折り込む。アルミ箔1枚で包み、左右をひねって閉じる。同様にしてもう1枚のアルミ箔を重ねて包む。

3 フライパンに**2**を入れ、フタをして弱火にかける。12分ほど焼き、上下を返してさらに5分ほど蒸し焼きにする。火を止めてそのままおき、粗熱が取れたらアルミ箔を外し、肉汁とともにフライパンに戻す。

4 **3**に合わせた**A**を加えて中火にかけ、軽く煮詰め、肉を転がしながら味をからめる。

Memo

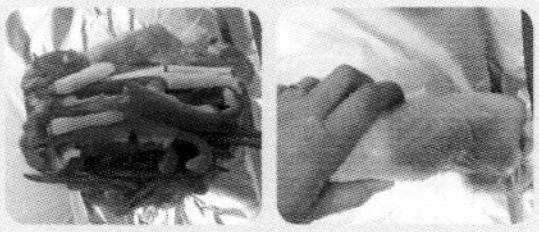

●鶏肉に具材を並べたら、手前からギュッと強めに巻きます。具材が多すぎるとくずれるので、欲張りすぎないようにしましょう

豚こまとブロッコリーのピリ辛オイスターソース炒め

ボリュームたっぷりの中華風おかず。栄養豊富なブロッコリーと組み合わせることで、体も喜ぶおいしさに！

冷蔵 5日　冷凍 1か月

材料（4人分）

豚こま切れ肉…300g
ブロッコリー…1株
片栗粉…大さじ3
ごま油…小さじ2

A
しょうゆ、酒…各大さじ2
オイスターソース…大さじ1
豆板醤、しょうがのすりおろし（チューブ）…各小さじ1
一味唐辛子（好みで）…小さじ$\frac{1}{4}$

つくり方

1 豚肉は片栗粉をまぶす。ブロッコリーは小房に分け、茎はかたい皮を除いて斜め薄切りにする。

2 フライパンにごま油をひき、弱めの中火にかける。**1**の豚肉を広げ入れ、焼き色がついたら上下を返して2〜3分炒める。**1**のブロッコリーを加えてざっと混ぜ、フタをして2〜3分蒸し焼きにする。

3 **2**に合わせた**A**を加え、汁気を飛ばしながら味をからめる。

Memo
●ブロッコリーの茎は、表面のかたい皮を厚めに切り落とせば、おいしく食べられます。ムダなく使いきりましょう

厚揚げのコンソメマヨ照り焼き

マヨネーズでこんがり焼いて、コンソメベースで味つけ。にんにくと黒こしょうが効いて、食べごたえも◎です

冷蔵 5日　冷凍 1か月

材料（4人分）

厚揚げ…4個
マヨネーズ…大さじ3

A
酒、みりん…各大さじ1
顆粒洋風だし…小さじ2
しょうゆ…小さじ1$\frac{1}{2}$
にんにくのすりおろし（チューブ）…小さじ1
粗びきこしょう（黒）…小さじ$\frac{1}{2}$

つくり方

1 厚揚げはペーパータオルで表面の油をふき、縦半分に切って1・5cm幅に切る。

2 フライパンに**1**、マヨネーズを入れて混ぜ、フタをして弱めの中火にかける。5〜6分焼き、焼き色がついたらざっと混ぜ、さらに2分ほど蒸し焼きにする。

3 **2**に合わせた**A**を加え、味をからめる。

Memo
●やわらかな絹揚げではなく、表面がかたくてくずれにくい木綿豆腐の厚揚げを使いましょう

ニラとかまぼこの韓国風あえ

ニラはゆでると、量がたっぷり食べられるのがいいところ。かまぼこをプラスすれば、うま味もボリュームもアップ！

材料（4人分）

ニラ…2束

かまぼこ…1本（130〜160g）

A
- ごま油…小さじ2
- しょうゆ…小さじ1½
- 砂糖…小さじ½
- 一味唐辛子（好みで）…小さじ¼〜½

つくり方

1 ニラは4〜5cm長さに切る。かまぼこは板から外して1cm厚さに切り、さらに1〜2cm幅に切る。

2 鍋にたっぷりの湯を沸かし、1のかまぼこを入れる。浮き上がってきたら1のニラも入れ、5数えたらザルに上げてそのまま冷ます。

3 ボウルにAを混ぜ合わせ、2の水気を絞って加え、あえる。

Memo

●ゆでたニラは水には取りません。あらかじめ切ってからさっとゆでて、余熱で火をとおすようにしましょう

じゃがいもの細切り炒め

中華料理店でいただいたときに感動した味を再現。じゃがいもが苦手な私でもむしゃむしゃ食べられます

材料（4人分）

じゃがいも…3個（約270g）

長ねぎの青い部分…½本分

サラダ油…大さじ1

赤唐辛子（輪切り）…小さじ1（1本分）

A
- 顆粒鶏ガラスープ…小さじ½
- 塩…小さじ⅓
- こしょう…少し

粉山椒（好みで）…小さじ⅓

つくり方

1 じゃがいもはスライサーなどで薄切りにし、2〜3mm幅の千切りにする。水にさらしてよく洗い、水気をきる。長ねぎは4cm長さの斜め切りにし、2〜3mm幅に切る。

2 フライパンに1、サラダ油を入れて混ぜ、弱火にかける。5分ほど焼き、Aを加えてざっと混ぜ、さらに3〜4分焼いて好みで粉山椒をふり混ぜる。

Memo

●しっかり冷やすとシャキシャキさっぱり、サラダ感覚で食べられます
●長ねぎの代わりにニラでつくっても

11月 3週目

おしながき

秋の夜長は、ちびちびと
お酒を飲みながら
まったりと過ごすのが
なによりの幸せです。
今週は、そんな晩酌の
お供にぴったりの
おつまみにもなるおかず
が中心のつくりおきです

サブおかず

揚げない大学いも
▶ P.75
冷蔵 5日 / 冷凍 1か月

オイスター味玉
▶ P.76
冷蔵 3日

きゅうりの酢の物
▶ P.76
冷蔵 5日

メインおかず

鮭と大根のみそバター煮
▶ P.73
冷蔵 5日 / 冷凍 1か月

鶏胸チャーシュー
▶ P.74
冷蔵 5日 / 冷凍 1か月

甘辛鶏つくね
▶ P.75
冷蔵 5日 / 冷凍 1か月

食材リスト

肉・魚

甘塩鮭（切り身）…4切れ
鶏胸肉…2枚（約600g）
鶏ひき肉…400g

野菜

大根…½本
さつまいも…中2本
きゅうり…3本

その他

卵…4個
わかめ（乾燥）…大さじ4
いりごま（黒）…小さじ1
いりごま（白）…大さじ1⅓

鮭と大根のみそバター煮

塩鮭の塩分とうま味を利用するので、味つけ簡単。みそとバターで風味よく仕上げたこっくりとした味つけで、ご飯にもお酒にもよく合います

冷蔵 5日
冷凍 1か月

材料（4人分）
甘塩鮭（切り身）…4切れ
大根…1/2本
A 水…3/4カップ
酒…大さじ1
バター…20g
B みそ…大さじ1
しょうゆ…小さじ1

つくり方
1 鮭は1切れを3等分に切る。大根は皮つきのまま1㎝厚さのいちょう切りにする。
2 フライパンに1の大根、Aを入れ、フタをして強めの中火にかける。煮立ったら中火で5分ほど煮、1の鮭を加え、さらに5分ほど煮る。
3 フタを取って強めの中火にし、バターを加えて溶かし混ぜる。Bを加え、汁気を飛ばしながら味をからめる。

Memo

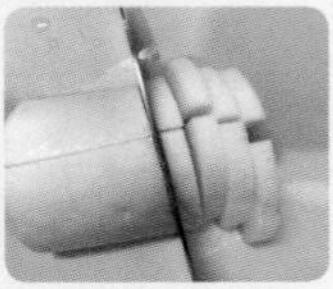

●大根は皮つきのまま1㎝厚さ程度の薄切りにすると、短時間で火がとおり、食物繊維などの栄養も余すところなくいただけます

冷蔵 5日
冷凍 1か月

11月 3週目

鶏胸チャーシュー

フライパンに調味料と鶏肉を入れたら
そのままフタをしてゆっくりと煮るだけ。
切らずに1枚のまま保存すると乾燥が防げます

材料（4人分）
鶏胸肉…2枚（約600g）
A
酒…½カップ
しょうゆ…大さじ2
砂糖…大さじ1⅓

つくり方
1 フライパンにAを合わせ、鶏肉を皮目を下にして並べ入れ、フタをして中火にかける。煮立ったら弱火で10分ほど煮、上下を返してさらに10分ほど蒸し煮にする。
2 1を再び上下を返して皮目を下にし、フタをして火を止め、粗熱が取れるまでおく。

Memo
●煮汁は仕上がったそのままの状態でも、煮詰めて濃いソース状にしても、どちらでもおいしくいただけます
●ソースを煮詰める際は、必ず鶏肉は取り出しましょう。鶏肉ごと煮詰めると肉がかたくなったり、焦げついたりと、思わぬ失敗につながります

甘辛鶏つくね

子どももおいしく食べられる、居酒屋メニューです。卵の代わりにマヨネーズを使うと、つくりおいてもやわらか！

材料（4人分）

鶏ひき肉…400g

A
- 片栗粉…大さじ4
- しょうがのすりおろし（チューブ）、酒、マヨネーズ…各大さじ1
- 塩…小さじ½

サラダ油…小さじ2

B
- しょうゆ…大さじ3
- みりん…大さじ2
- 砂糖…大さじ1

つくり方

1 ボウルにひき肉を入れ、**A**を加えてよく練り混ぜ、16等分して丸める。

2 フライパンにサラダ油をひき、**1**を並べ入れ、フタをして中火にかける。焼き色がついたら上下を返し、さらに5〜6分蒸し焼きにする。

3 **2**に合わせた**B**を加え、味をからめる。

Memo

●細かく刻んだきのこやれんこんのすりおろし、長ねぎの粗みじん切りなどを肉だねに混ぜてつくってもおいしいです

揚げない大学いも

油で揚げず、砂糖も使わないから簡単＆ヘルシー。ほんのり甘じょっぱくて、お酒との相性もバッチリです

材料（4人分）

さつまいも…中2本

A
- 酒、水…各大さじ2
- しょうゆ、みりん…各大さじ1

B
- ごま油、いりごま（黒）…各小さじ1

つくり方

1 さつまいもは皮つきのままひと口大の乱切りにする。

2 フライパンに**1**、**A**を入れ、フタをして弱火にかける。竹串がスーッと通るまで9〜12分蒸しゆでにする。

3 **2**に合わせた**B**を加え、1分ほど炒めて味をからめる。

Memo

●温め直す際は、電子レンジ＋オーブントースターか、魚焼きグリルを使うと、外はパリッ、中はしっとりして美味です

オイスター味玉

コクがあるのにさっぱりとした、中華風の煮卵です。チャーシューやつくねに添えるだけでごちそう感アップ！

材料（4人分）

卵…4個

A オイスターソース、ポン酢しょうゆ…各大さじ2

つくり方

1 鍋に卵を入れてひたひたに水を注ぎ、酢適量（水1ℓに対して大さじ1・分量外）を加え、フタをして中火にかける。沸騰したら火を止めてそのまま7分おく。水に取って殻をむく。

2 保存用ポリ袋に1、Aを入れ、空気を抜いて袋の口を閉じる。

冷蔵3日

Memo

●ラー油やごま油を一緒に加えてつくってもおいしいです。ゆで卵1個につき、小さじ1程度を目安に

きゅうりの酢の物

さっぱりいただけて、箸休めや口直しにもぴったり。めんつゆと酢を1対1で混ぜる黄金比率で、味つけ簡単です

材料（4人分）

きゅうり…3本

塩…少し

わかめ（乾燥）…大さじ4

いりごま（白）、

A めんつゆ（3倍濃縮）、酢…各大さじ1$\frac{1}{3}$

つくり方

1 きゅうりは薄切りにし、塩をふってざっと混ぜ、しんなりしたら水気をぎゅっと絞る。わかめは水で戻し、水気をきって食べやすく切る。

2 ボウルに1を入れ、Aを加えてあえる。

冷蔵5日

Memo

●好みで、かにかまやしらす、ゆでだこを加えたり、しょうがのすりおろしを適量添えてもおいしいです

11月

4週目

おしながき

和風のおかずが多めのホッと落ち着くつくりおきです。バターでコクをプラスしたり、甘酢仕立てにすることで和風でも違った味わいが楽しめます

サブおかず

かぼちゃのマスタードソテー
▶ P.80
冷蔵 5日　冷凍 1か月

ひじきのコーンツナあえ
▶ P.81
冷蔵 5日　冷凍 1か月

こんにゃくの甘辛炒め
▶ P.81
冷蔵 5日

メインおかず

厚揚げのバターしょうゆそぼろ煮
▶ P.78
冷蔵 5日　冷凍 1か月

豚こまとピーマンの甘辛炒め
▶ P.79
冷蔵 5日　冷凍 1か月

鶏もも肉とさつまいもの甘酢ごまあえ
▶ P.79
冷蔵 5日　冷凍 1か月

食材リスト

肉

豚ひき肉…300g
豚こま切れ肉…300g
鶏もも肉…1枚（約300g）

野菜

ピーマン…8〜10個
さつまいも…中2本
かぼちゃ…1/2個

その他

厚揚げ…4個
ひじき（乾燥）…12g
コーン缶（ホール状）…1缶（190g）
ツナ缶（油漬けまたはノンオイル）…小1缶（70g）
こんにゃく…2枚
いりごま（白）…大さじ2

厚揚げのバターしょうゆそぼろ煮

厚揚げと組み合わせれば、ひき肉でもボリューム満点のおかずがつくれます。動物性&植物性のタンパク質がたっぷりとれ、ご飯もすすむ味つけです

冷蔵 5日
冷凍 1か月

材料（4人分）

豚ひき肉…300g
厚揚げ…4個
サラダ油…小さじ1
片栗粉…大さじ2

A
水…1/2カップ
しょうゆ…大さじ3
酒、みりん…各大さじ2

バター…30g

つくり方

1 厚揚げはペーパータオルで表面の油をふき、縦半分に切って1・5㎝幅に切る。

2 フライパンにサラダ油を中火で熱し、ひき肉を広げ入れる。肉の色が変わったら片栗粉を加え、ヘラで切るようにしながら粉っぽさがなくなるまで炒め合わせ、**1**を加えてざっと混ぜる。

3 **2**に合わせた**A**、バターを加え、煮立ったらフタをして2分ほど煮る。フタを取り、汁気を飛ばしながら味をからめる。

Memo

●ひき肉の色が変わったら片栗粉を加えてよく炒め合わせておくと、仕上げのとろみづけが不要で、味もよくからみます

豚こまとピーマンの甘辛炒め

みんなが大好きな甘辛しょうゆ味のおかずです。簡単にできて冷めてもおいしいので、お弁当にも！

冷凍 1か月
冷蔵 5日

材料（4人分）

- 豚こま切れ肉…300g
- ピーマン…8〜10個
- 片栗粉…大さじ3
- サラダ油…小さじ2
- A
  - しょうゆ…大さじ3
  - 砂糖…大さじ1⅓
  - みりん…大さじ1

つくり方

1. 豚肉は片栗粉をまぶす。ピーマンはヘタと種を除いて縦7〜8㎜幅に切る。
2. フライパンにサラダ油をひき、1の豚肉を広げ入れ、弱めの中火にかける。焼き色がついたら上下を返して2〜3分炒め、1のピーマンを加えてざっと混ぜる。
3. 2に合わせたAを加え、強めの中火で味をからめる。

Memo

●シンプルな味つけなので、お好みでにんにくやしょうがを加えたり、赤唐辛子や一味唐辛子で辛味をプラスしても

鶏もも肉とさつまいもの甘酢ごまあえ

鶏肉と相性のいいさつまいもを使って、秋らしい一品に。甘酢風味が食欲をそそり、がっつり食べられます

冷蔵 5日
冷凍 1か月

材料（4人分）

- 鶏もも肉…1枚（約300g）
- さつまいも…中2本
- 片栗粉…大さじ1
- サラダ油…小さじ2
- A
  - 水…大さじ4
  - 酒…大さじ2
- B
  - 砂糖、酢、しょうゆ…各大さじ2
  - みりん…大さじ1
- いりごま（白）…大さじ2

つくり方

1. 鶏肉はひと口大に切り、片栗粉をまぶす。さつまいもは皮つきのままひと口大の乱切りにする。
2. フライパンにサラダ油をひき、1の鶏肉を皮目を下にして並べ入れ、強めの中火にかける。焼き色がついたら上下を返し、1のさつまいもを広げのせ、Aを加えてフタをし、弱めの中火で7〜8分蒸し焼きにする。
3. 2に合わせたBを加え、汁気を飛ばしながら味をからめ、ごまを加え混ぜる。

Memo

●さつまいもを加えたら酒蒸し状態で蒸し焼きにし、甘味をじっくりと引き出しながら肉のうま味を移しましょう

かぼちゃのマスタードソテー

おなかにもしっかりたまる、栄養満点のサブおかず。
かぼちゃは薄めに切ると火が早くとおり、スピーディに完成します

冷蔵 5日
冷凍 1か月

材料（4人分）
かぼちゃ…1/2個
オリーブオイル…大さじ2
A 粒マスタード…大さじ1 1/3
マヨネーズ…大さじ1

つくり方
1 かぼちゃは種とワタを除いて4cm長さ、7mm厚さのくし形に切る。
2 フライパンにオリーブオイル、1を入れて混ぜ、フタをして弱めの中火にかける。焼き色がついたらざっと混ぜ、さらに3〜4分蒸し焼きにする。
3 2に合わせたAを加え、味をからめる。

Memo
●かぼちゃを焼くときは、いじりすぎるとくずれてしまうので、できるだけほったらかしにしましょう
●卵やチーズと混ぜて耐熱皿に入れてオーブントースターで焼けばキッシュ風にもアレンジできます。冷やしてサラダの具材としてたっぷりのせても

ひじきのコーンツナあえ

ひじきをサラダにするときは、〝ゆで戻し〟にするとラクチン。缶詰と合わせてあえるだけだから、パパッとつくれます

材料（4人分）

ひじき（乾燥）…12g
コーン缶（ホール状）
…1缶（190g）
ツナ缶（油漬けまたはノンオイル）
…小1缶（70g）

A
マヨネーズ…大さじ2
しょうゆ…小さじ2

つくり方

1 フライパンまたは鍋にひじきを入れてかぶるくらいの水を注ぎ、フタをして中火にかける。沸騰したら火を止めて5分ほどおき、ザルに上げて水気をきって冷ます。コーンは缶汁をきる。

2 ボウルに**A**、**1**を入れて混ぜ合わせ、ツナを缶汁ごと加えてあえる。

冷蔵 5日　冷凍 1か月

Memo
●コーンの代わりに、アボカドやきゅうりを使ってもおいしいです（アボカドを加えたときの保存期間は冷蔵で3日）

こんにゃくの甘辛炒め

こんにゃくでつくるきんぴら風おかず。ヘルシーで食べごたえもある優秀副菜です

材料（4人分）

こんにゃく…2枚

A
しょうゆ…大さじ2
みりん…大さじ1⅓
ごま油…小さじ1
赤唐辛子（輪切り・好みで）
…小さじ1（1本分）

つくり方

1 こんにゃくはひと口大にちぎる。ボウルに入れて塩小さじ2（分量外）をふってもみ、熱湯で下ゆでしてアクを抜く。

2 フライパンに**1**を広げ入れ、強めの中火にかけ、から炒りする。水分が飛んだら合わせた**A**を加え混ぜ、1分ほど煮、全体を混ぜながら汁気を飛ばす。

冷蔵 5日

Memo
●こんにゃくは手でちぎると断面がでこぼこになるので、その分、表面積も広がって味がからみやすくなります

Column

簡単なだしのとり方

顆粒だしも便利ですが、だしをとるとおいしさが違います。ほったらかしで完成する水だしや、だし汁が少しほしい＆煮物をつくる際におすすめの速攻だしのとり方を紹介します

速攻だし

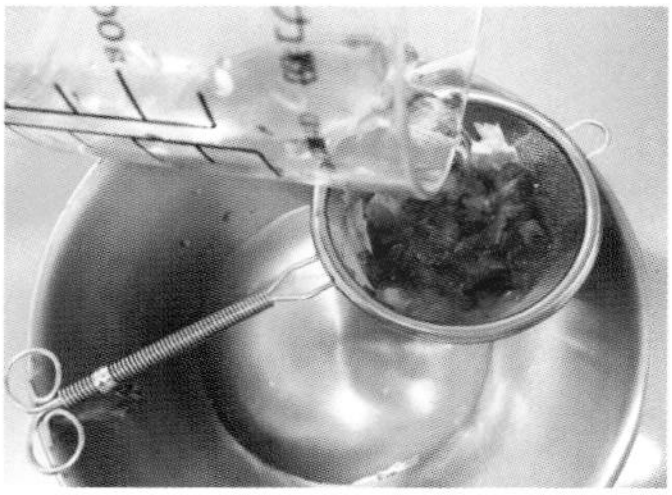

かつお節＋湯で

茶こしにかつお節5g（1パック）を入れて、湯1カップを静かに注ぐ。おひたしやだし巻き卵のように、少量使いたいときに便利

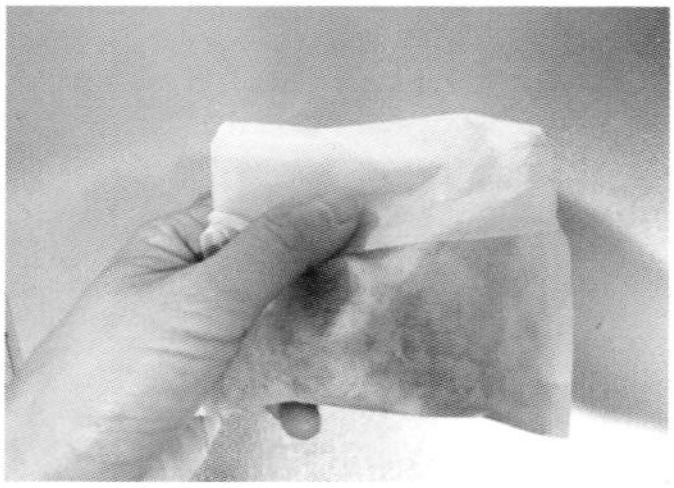

煮物と一緒に

お茶パックにかつお節（花がつお）を詰めて煮物を煮るときに一緒に入れ、でき上がったら取り出す。かつお節は、4人分で10g（ひとつかみ）が目安

ほったらかし水だし

材料（つくりやすい分量）

かつお節（花がつお）… 20g（直径16cmのボウル1杯分）
昆布… 10g（15cmのもの1〜2枚）
水… 1ℓ

つくり方

1 お茶ポットの茶葉を入れる部分（なければお茶パックでOK）にかつお節を入れる。

2 お茶ポットに昆布、**1**を入れ、分量の水を注ぎ入れる。冷蔵庫に入れ、6時間以上おく。1週間以内に使いきる。

※1週間以内なら、水をつぎ足して使うこともできます。その場合、昆布とかつお節が水に常に浸かっているようにしてください
※水をつぎ足さずに使う場合は、昆布とかつお節がだし汁から出て空気にふれてしまうようなら取り出しておきましょう

Winter

冬

寒い季節は、汁物や煮物などを
つくりおきしておくと、体がホッと温まります。
大根や白菜などの大型の冬野菜もムダなく
おいしく使いきれる、お役立ちレシピが満載です

12月

1週目

おしながき

師走に入りなにかと忙しい今週は、上手な手抜きで乗りきります。
主菜は煮るだけ、焼いて漬けるだけ。
副菜も、少ない材料でつくれる簡単おかずだからラクラクです

サブおかず

かぼちゃのそぼろ煮
▶ P.87
冷蔵 5日

ほうれん草のすごいおひたし
▶ P.88
冷蔵 4日　冷凍 1か月

高野豆腐のしょうが照り焼き
▶ P.88
冷蔵 5日　冷凍 1か月

メインおかず

鶏もも肉とかぶの甘辛炒め煮
▶ P.85
冷蔵 5日　冷凍 1か月

鮭の焼き漬け
▶ P.86
冷蔵 5日　冷凍 1か月

豚こまと白菜の煮込みスープ
▶ P.87
冷蔵 4日　冷凍 1か月

食材リスト

肉・魚

鶏もも肉…2枚（約600g）
塩鮭（切り身）…4切れ
豚こま切れ肉…200g
鶏ひき肉（または豚ひき肉）…100g

野菜

かぶ…5個
白菜…1/4個
かぼちゃ…1/2個
ほうれん草…2束（400g）
しょうが…1/2かけ

その他

厚揚げ…2個
高野豆腐（ひと口サイズ）…16個
かつお節…小2パック（5～6g）
ゆずの皮（千切り・フリーズドライでも可）…大さじ1
すりごま（白）…大さじ2

鶏もも肉とかぶの甘辛炒め煮

フライパンで手軽につくれる和風煮物です。旬を迎えたかぶのおいしさと香りが堪能できるよう、味つけは控えめにしてご飯に合う甘辛味に仕上げました

冷蔵 5日
冷凍 1か月

材料（4人分）

鶏もも肉
…2枚（約600g）
かぶ…5個
片栗粉…大さじ2
サラダ油…小さじ2

A
しょうゆ、酒
…各大さじ2
みりん…大さじ1
砂糖…小さじ2
酢…小さじ1

つくり方

1 鶏肉はひと口大に切り、片栗粉をまぶす。かぶは葉を切り落とし、皮つきのまま7㎜厚さのいちょう切りにする。

2 フライパンにサラダ油をひき、1の鶏肉を皮目を下にして並べ入れ、弱めの中火にかける。焼き色がついたら上下を返し、1のかぶを加えてざっと混ぜる。

3 2に合わせたAを加え、フタをして中火で4～5分煮る。フタを取り、汁気を飛ばしながら味をからめる。

Memo

●鶏肉を焼いている間はさわらずに、ほったらかしにしましょう。表面の色が変わって白っぽくなったら、皮目が焼けてきています

鮭の焼き漬け

塩鮭は焼き漬けにすると、うま味がギュッと凝縮して身もふっくら。漬かるほどに味もしみておいしくなる、つくりおき向きのおかずです

冷蔵 5日

冷凍 1か月

材料（4人分）

塩鮭（切り身）…4切れ

A

だし汁…1カップ
（または水1カップ＋顆粒和風だし小さじ½）

しょうゆ、酒、みりん、ゆずの皮（千切り・フリーズドライでも可）…各大さじ1

つくり方

1 鮭は魚焼きグリルで両面をこんがり焼く。

2 小鍋にAを入れて中火にかけ、ひと煮立ちさせる。粗熱を取り、1が熱いうちに漬け込む。

Memo

●ゆずは好みの柑橘類で代用しても

●食べるときに大根おろしをたっぷりかけると、さっぱりと食べられます

●大きめにほぐして鮭フレークにしても。混ぜご飯やチャーハン、ポテトサラダ、青菜のあえ物などに幅広く使えます

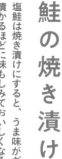

豚こまと白菜の煮込みスープ

くたっと煮えた白菜が絶品の具だくさんスープです。うどんを入れて煮込んでもおいしくいただけます

冷蔵 4日　冷凍 1か月

材料（4人分）

豚こま切れ肉…200g
白菜…1/4個
厚揚げ…2個
A
だし汁…3カップ
（または水3カップ＋顆粒和風だし小さじ1 1/2）
酒…大さじ1
砂糖、塩…各小さじ1
しょうゆ…大さじ1

つくり方

1 白菜は3～4㎝幅のざく切りにする。厚揚げはペーパータオルで表面の油をふき、縦半分に切って1・5㎝幅に切る。

2 フライパンまたは鍋に**1**、豚肉、**A**を入れ、フタをして強めの中火にかける。煮立ったら底から混ぜ、中火でさらに7～8分煮る。しょうゆで味をととのえ、ひと煮する。

Memo

●豚肉はできるだけ広げて入れましょう。乱雑に入れると固まってしまいます
●長ねぎや麩、糸こんにゃくを加えても

かぼちゃのそぼろ煮

甘味が増した冬のかぼちゃでつくる素朴な煮物です。ひき肉そぼろのうま味をたっぷり吸わせて仕上げます

冷蔵 5日

材料（4人分）

かぼちゃ…1/2個
鶏ひき肉（または豚ひき肉）…100g
しょうが…1/2かけ
A
しょうゆ、酒…各大さじ2
砂糖…大さじ1
水…1～1 1/4カップ
B
片栗粉、水…各小さじ1

つくり方

1 かぼちゃは種とワタを除いてひと口大に切る。しょうがは皮ごとみじん切りにする。

2 鍋にひき肉、**A**、**1**のしょうがを入れ、弱めの中火にかける。菜箸4～5本で肉をほぐしながら炒りつけ、肉の色が変わったら**1**のかぼちゃを加え、分量の水を注ぐ。煮立ったらアクを除いて少しずらしてフタをし、かぼちゃがやわらかくなるまで中火で7～10分煮、**B**の水溶き片栗粉でとろみをつける。

Memo

●ピザ用チーズをかけてオーブントースターなどで焼けばグラタンに、つぶしてコロッケにもアレンジできます

ほうれん草のすごいおひたし

普通のおひたしと違うのは、ごま油を加えるところとうま味食材を活用するところ。ハマること、必至です！

冷蔵 4日　冷凍 1か月

材料（4人分）
ほうれん草…2束（400g）
かつお節…小2パック（5〜6g）
すりごま（白）…大さじ2
A
しょうゆ、ごま油…各大さじ1
砂糖…小さじ1

つくり方
1 ほうれん草は4〜5cm長さに切る。
2 鍋にたっぷりの湯を沸かし、1を茎、葉の順に入れる。再沸騰したらザルに上げ、水に取って水気をしっかり絞る。
3 ボウルにAを混ぜ合わせ、2を加えてあえる。

Memo
●ほうれん草はアクが強いので、ゆでたあとはしっかりと水にさらしてアク抜きをし、えぐみを残さないようにしましょう

高野豆腐のしょうが照り焼き

高野豆腐に衣をつけて焼き、たれをからめたもっちり新食感のおかず。肉にも負けないおいしさです

冷蔵 5日　冷凍 1か月

材料（4人分）
高野豆腐（ひと口サイズ）…16個
だし汁…1½カップ
（または水1½カップ＋顆粒和風だし小さじ⅔）
A
水…¼カップ
片栗粉…大さじ3
サラダ油…大さじ2
B
しょうゆ、酒、みりん…各大さじ2
しょうがのすりおろし（チューブ）…大さじ1

つくり方
1 高野豆腐はだし汁にひたして戻し、水気をきってAの水溶き片栗粉をからめる。残っただし汁はとっておく。
2 フライパンにサラダ油を強めの中火で熱し、1の高野豆腐を並べ入れ、各面を2分ずつこんがり焼く。
3 火を止めて余分な油をふき取り、合わせたBに1のだし汁を混ぜて2に加える。再び強めの中火にかけ、1分ほど煮、全体をざっと混ぜて味をからめる。

Memo
●普通サイズの高野豆腐を使う場合は、4個分をだし汁にひたして戻してから、1個を4つに切ります

12月

2週目

おしながき

おうちご飯が盛り上がるように今週は、家族が喜ぶチキンナゲットやミネストローネ、しぐれ煮をつくりおき。和洋のおかずが楽しめます♪

サブおかず

キャベツのシンプルコールスロー
▶P.92
冷蔵 5日　冷凍 1か月

簡単ミネストローネ
▶P.93
冷蔵 4日　冷凍 1か月

糸こんにゃくのソース青のり
▶P.93
冷蔵 5日

メインおかず

スパイシーチキンナゲット
▶P.90
冷蔵 5日　冷凍 1か月

牛肉のしぐれ煮
▶P.91
冷蔵 1週間　冷凍 1か月

鶏もも肉と長いものみりん煮
▶P.92
冷蔵 5日　冷凍 1か月

食材リスト

肉

鶏ひき肉…400g
牛切り落とし肉…400g
鶏もも肉…2枚（約600g）
ウインナソーセージ…4本

野菜

長いも…400g
キャベツ…3/4個
玉ねぎ…1/2個
しょうが…大1〜2かけ（50g）

その他

豆腐（絹ごしまたは木綿）……1/2丁
卵…1個
トマト缶（カット状）…1缶（400g）
糸こんにゃく…400g
青のり（または青さ粉）…大さじ1
いりごま（白）…大さじ1

スパイシーチキンナゲット

スパイスをたっぷり練り込んだ、豆腐入りのやわらかナゲットです。好みでケチャップや粒マスタードを添えても。おつまみにもぴったり！

冷蔵 5日
冷凍 1か月

材料（4人分）
鶏ひき肉…400g
A 塩…小さじ2/3
粗びきこしょう（黒）…小さじ1/2
豆腐（絹ごしまたは木綿）……1/2丁
卵…1個
B 小麦粉…大さじ4
粒マスタード、マヨネーズ、トマトケチャップ…各小さじ1
オールスパイス（粉末）…小さじ1/2
揚げ油…適量

つくり方
1 ボウルにひき肉、**A**を入れ、粘り気が出るまでよく混ぜ、**B**を加えてよく混ぜる。
2 フライパンに揚げ油を深さ5㎜〜1㎝ほど注いで中火で熱し、**1**をスプーンでひと口大にまとめて落とし入れる。焼き色がついたら上下を返し、さらに3〜4分揚げ焼きにする。

Memo
●豆腐は水きりをしないで使います。豆腐の代わりに卵を2個にしてもつくれます
●肉だねにオールスパイスを加えると、甘い香りとほろ苦さが加わり、味が深まります。なければナツメグやクローブ、粗びきこしょう（黒）がおすすめです。いずれも、加えるのは小さじ1/2までに

牛肉のしぐれ煮

牛切り落とし肉を使い、たっぷりのしょうがを加えて甘辛く煮つけます。
おかずサラダや肉豆腐、混ぜご飯などいろいろな料理に使える便利なおかずです

冷蔵 1週間　冷凍 1か月

材料（4人分）

牛切り落とし肉…400g
しょうが（皮ごと千切りにする）…大1〜2かけ（50g）

A
しょうゆ…大さじ3
酒、みりん…各大さじ2
砂糖…大さじ1

つくり方

フライパンまたは鍋に**A**を入れて中火にかける。煮立ったら牛肉を加え、ほぐしながら汁気が少なくなるまで煮る。

Arrange
肉豆腐

材料（1人分）
牛肉のしぐれ煮…大さじ4
豆腐（木綿）…1/2丁
長ねぎ…1/2本
だし汁…1カップ
（または水1カップ＋顆粒和風だし小さじ1/2）

つくり方
1 豆腐は半分に切る。長ねぎは斜め薄切りにする。
2 鍋にだし汁、牛肉のしぐれ煮、**1**を入れて中火にかけ、5分ほど煮る。

冷蔵 5日 冷凍 1か月

鶏もも肉と長いものみりん煮

肉のうま味がしみた、ホクホクとろっの長いもがたまりません。甘辛味なので、ご飯はもちろん、お酒にもよく合います

材料（4人分）

鶏もも肉…2枚（約600g）
長いも…400g
片栗粉…大さじ2
サラダ油…小さじ2
A 水…½カップ
酒、みりん…各大さじ3
しょうゆ…大さじ2
B 酢…小さじ1

つくり方

1 鶏肉はひと口大に切り、片栗粉をまぶす。長いもは皮つきのまま1cm厚さの半月切りにする。

2 フライパンにサラダ油をひき、**1**の鶏肉を皮目を下にして並べ入れ、弱めの中火にかける。焼き色がついたら上下を返し、**1**の長いもを加えてざっと混ぜる。

3 **2**に合わせた**A**を加え、フタをして長いもに火がとおるまで5～6分煮る。フタを取って合わせた**B**を加え、煮汁が少なくなるまで煮る。

Memo

●長いもは皮ごと使うと手間なしで、食物繊維などの栄養や、長いもの風味を逃がすことなくいただけます

キャベツのシンプルコールスロー

マヨネーズを使わない、レモン風味のコールスロー。さっぱりとしたおいしさで、もりもり食べられます

冷蔵 5日 冷凍 1か月

材料（4人分）

キャベツ…½個
A 砂糖…小さじ1
塩…小さじ½
B サラダ油…大さじ3
酢…大さじ2
レモン汁…大さじ1
粗びきこしょう（黒）…小さじ½

つくり方

1 キャベツは千切りにし、**A**を加えてもみ込む。しんなりしたら水気を絞る。

2 ボウルに**B**を混ぜ合わせ、**1**を加えてあえる。

Memo

●キャベツを塩と砂糖でもんでしっかり水気を絞ってからあえることで、長くおいしさをキープできます

簡単ミネストローネ

トマト味の定番スープを極力簡単な材料と手順でつくります。加える野菜はなんでもＯＫ。残り野菜の一掃にも役立つ一品です

材料（4人分）

- ウインナソーセージ…4本
- キャベツ…1/4個
- 玉ねぎ…1/2個
- オリーブオイル…大さじ1
- A
  - トマト缶（カット状）…1缶（400g）
  - 水…2カップ
  - 顆粒洋風だし…大さじ1 1/3
  - にんにくのすりおろし（チューブ）…小さじ1
  - 塩、こしょう…各小さじ1/4

つくり方

1 ソーセージは1cm幅に切る。キャベツ、玉ねぎは1cm角に切る。

2 フライパンまたは鍋にオリーブオイル、**1**を入れて混ぜ、フタをして弱めの中火にかける。野菜がしんなりしたら**A**を加えて火を強める。煮立ったら底から混ぜ、弱めの中火でさらに9～10分煮る。

Memo

- 最初に具材を炒めておくと、うま味とコクがアップします
- 食べる際に、粉チーズをふっても◎

糸こんにゃくのソース青のり

糸こんにゃくをお好み焼き風の味つけでいただきます。ジャンクな味ですが低カロリーで、ミネラルもたっぷり！

材料（4人分）

- 糸こんにゃく…400g
- A
  - ウスターソース…大さじ3
  - 酒…大さじ1
  - しょうゆ…小さじ2
  - 酢…小さじ1
- B
  - 青のり（または青さ粉）、いりごま（白）…各大さじ1

つくり方

1 糸こんにゃくは食べやすい長さに切り、熱湯で下ゆでしてアクを抜く。

2 フライパンに**1**を広げ入れ、強めの中火にかけ、から炒りする。水分が飛んだら合わせた**A**を加え、汁気が飛ぶまで炒りつける。

3 ボウルに**B**を混ぜ合わせ、**2**を加えてあえる。

Memo

- 糸こんにゃくは下ゆでしてからから炒りすると、独特の臭みも抜けて、プリッと口当たりよく仕上がります

12月 3週目

おしながき

忘年会シーズンです。外食が増えると栄養のバランスが偏りがち。そこで、つくりおきおかずで賢くフォロー。野菜や良質のタンパク質がたっぷりとれるラインナップです

サブおかず

ほうれん草のごましょうがあえ
▶ P.97
冷蔵 5日 冷凍 1か月

かぶとベーコンのにんにく黒こしょう炒め
▶ P.98
冷蔵 5日 冷凍 1か月

厚揚げの照り焼き
▶ P.98
冷蔵 5日 冷凍 1か月

メインおかず

フライパンで豚バラ角煮
▶ P.95
冷蔵 5日 冷凍 1か月

鶏手羽先とキャベツの中華スープ
▶ P.96
冷蔵 4日 冷凍 1か月

ひき肉と白菜のとろみあん
▶ P.97
冷蔵 4日 冷凍 1か月

食材リスト

肉

豚バラかたまり肉…500〜600g
鶏手羽先…8〜12本
豚ひき肉…300g
ベーコン…4枚

野菜

キャベツ…1/4個
長ねぎ…1本
白菜…1/2個
ほうれん草…2束（400g）
かぶ…4〜5個

その他

厚揚げ…4個
すりごま（白）…大さじ2

フライパンで豚バラ角煮

ほろほろでうま味もたっぷり！　豚バラのおいしさを満喫できる人気おかずが圧力鍋も煮込み鍋も使わず、いつものフライパンひとつで完成します

冷蔵 5日　冷凍 1か月

材料（4人分）
豚バラかたまり肉…500〜600g

A
焼酎、水…各$\frac{1}{2}$カップ（または酒$\frac{3}{4}$カップ＋水$\frac{1}{4}$カップ）
しょうゆ…大さじ3
砂糖…大さじ1

つくり方
1 豚肉は3㎝幅に切る。
2 フライパンに油をひかずに1を入れ、中火にかける。両面を2〜3分ずつ焼き、火を止めて余分な脂をふき取る。
3 2に合わせたAを加え、フタをして中火にかける。煮立ったら弱火で20分ほど煮る、水$\frac{1}{2}$カップ（分量外）を注ぎ、さらに10分ほど煮る。

Memo

●豚肉は軽く焼き色がつくまで焼いておくと、余分な脂が抜けて表面のタンパク質も固まり、煮込んだ際にうま味を逃がしません

鶏手羽先とキャベツの中華スープ

骨つき肉を使うと、うま味たっぷりのスープが手軽につくれます。キャベツをどっさり加えた、食卓の主役も務まる栄養満点のスープです

材料（4人分）

鶏手羽先…8〜12本
キャベツ…1/4個
長ねぎ…1本
ごま油…大さじ1

A
水…3 1/2カップ
酒…1/2カップ
顆粒鶏ガラスープ、しょうがのすりおろし（チューブ）…各大さじ1
にんにくのすりおろし（チューブ）、こしょう…各小さじ1
塩…小さじ1/4

つくり方

1 手羽先は関節を反対側に折る。キャベツはひと口大のざく切り、長ねぎは斜め薄切りにする。

2 フライパンにごま油をひき、1の手羽先を皮目を下にして並べ入れ、中火にかける。焼き色がついたら上下を返し、火を止めて1のキャベツと長ねぎ、Aを加える。フタをして強火にし、煮立ったら底から混ぜ、弱めの中火でさらに9〜10分煮る。

Memo

●手羽先は関節を反対側に折っておくと、食べるときに外れやすいです。こんがり焼くことで深みのある味わいに仕上がります

ひき肉と白菜のとろみあん

白菜のおいしいこの季節にぜひ、つくっていただきたい一品です。とろとろのひき肉あんが白菜にからんで、身も心もホッと温まります

材料（4人分）

豚ひき肉…300g
白菜…1/2個
ごま油…小さじ2
しょうがのすりおろし（チューブ）…大さじ1
にんにくのすりおろし（チューブ）…小さじ1

A
- 水…1/2カップ
- 酒…大さじ1
- 顆粒鶏ガラスープ…小さじ2
- 砂糖…小さじ1
- 塩…小さじ1/2

B
- しょうゆ、オイスターソース…各小さじ2
- こしょう…小さじ1/2

C
- 片栗粉、水…各大さじ2

つくり方

1 白菜は縦半分に切って3cm幅のざく切りにする。
2 フライパンにごま油、しょうが、にんにくを入れて弱火にかける。香りが立ったらひき肉を加えて炒め、肉の色が変わったら1、Aを加え、フタをして火を強める。煮立ったら全体を混ぜてBを加え、再びフタをして中火で3～4分煮る。こしょうをふり、Cの水溶き片栗粉でとろみをつける。

Memo
●白菜の量が多いので、焦げないように、いったん火を止めてからフライパンに白菜を入れてもかまいません

冷蔵 4日　冷凍 1か月

ほうれん草のごましょうがあえ

ごまとしょうがの風味を効かせることで、定番のおひたしをワンランクアップ！　体も喜ぶヘルシーなおいしさです

冷蔵 5日　冷凍 1か月

材料（4人分）

ほうれん草…2束（400g）
すりごま（白）…大さじ2
しょうがのすりおろし（チューブ）…大さじ1

A
- めんつゆ（3倍濃縮）、しょうゆ…各小さじ2
- 砂糖…小さじ1

つくり方

1 ほうれん草は4～5cm長さに切る。
2 鍋にたっぷりの湯を沸かし、1のほうれん草を茎、葉の順に入れる。再沸騰したらザルに上げ、水に取って水気をしっかり絞る。
3 ボウルにAを混ぜ合わせ、2を加えてあえる。

Memo
●わかめやのり、かつお節、ちりめんじゃこなどを一緒に加えてつくってもおいしいです

かぶとベーコンのにんにく黒こしょう炒め

皮ごと食べられるやわらかな旬のかぶを、炒め物に活用。にんにくと黒こしょうでパンチのある味に仕上げます

材料（4人分）

かぶ…4～5個
ベーコン…4枚
サラダ油…大さじ1$\frac{1}{3}$

A
- しょうゆ…大さじ1
- 酒、みりん…小さじ2
- 酢、にんにくのすりおろし（チューブ）…各小さじ1
- 粗びきこしょう（黒）…小さじ$\frac{1}{2}$～1

つくり方

1 かぶは葉を切り落とし、皮つきのまま3㎜厚さの半月切りにする。ベーコンは1㎝幅に切る。

2 フライパンにサラダ油を中火で熱し、1のベーコンを炒める。カリカリになったら1のかぶを加えて全体を混ぜ、5～6分焼く。軽く焦げ目がついたらざっと混ぜ、さらに2～3分焼く。

3 2に合わせたAを加え、汁気がほとんどなくなるまで2～3分炒め合わせる。

冷蔵 5日　冷凍 1か月

Memo

●冷蔵庫で冷やした状態のものをマヨネーズであえてサラダにするのもおすすめ。きゅうりやにんじんの薄切りを加えても

厚揚げの照り焼き

良質の植物性タンパク質たっぷりの厚揚げを甘辛の照り焼き仕立てに。冷めてもおいしくいただけます

冷蔵 5日　冷凍 1か月

材料（4人分）

厚揚げ…4個

A
- しょうゆ、みりん…各大さじ2
- 砂糖…小さじ2

つくり方

1 厚揚げはペーパータオルで表面の油をふき、4等分に切る。

2 フライパンに油をひかずに1を並べ入れ、フタをして中火にかける。焼き色がついたら上下を返し、両面をこんがり焼く。

3 2に合わせたAを加え、上下を返しながら味をからめる。

Memo

●つくりおいたものをかぶる程度のだし汁で温めると、厚揚げの煮つけになります。長ねぎやきのこ類を一緒に加えても

12月

4週目

おしながき

クリスマスの週なので、いつもと違うおもてなしモードのおかずをつくりおきします。事前に仕込んでおけば、時間のかかるメニューもさっと用意でき、あとはのんびり楽しめます♪

サブおかず

ほうれん草のトルティーヤ
▶ P.102
冷蔵 5日

にんじんのツナサラダ
▶ P.103
冷蔵 5日

水菜大量消費サラダ
▶ P.103
冷蔵 4日

メインおかず

ローストビーフ
▶ P.100
冷蔵 4日　冷凍 1か月

牛肉の赤ワイン煮
▶ P.101
冷蔵 5日　冷凍 1か月

鶏肉とキャベツのトマトスープ
▶ P.102
冷蔵 4日　冷凍 1か月

食材リスト

肉

牛ももかたまり肉
…400〜500g
牛カレー用肉…600g
鶏もも肉
…大1枚（約350g）

野菜

玉ねぎ…2¼個
セロリ…5cm
セロリの葉…1本分
マッシュルーム…6個
パセリ…3枝
キャベツ…¼個
ほうれん草…1束（200g）
じゃがいも…3個
にんじん…2本
水菜…1束（200g）
にんにく…3かけ

その他

トマト缶（カット状）
…1缶（400g）
卵…4個
プロセスチーズ（好みで）…40g
ツナ缶（油漬けまたはノンオイル）
…小2缶（70g×2）
かつお節…小2パック（5〜6g）
赤ワイン…2¼カップ
いりごま（白）…大さじ3
牛乳…大さじ2

冷蔵 4日
冷凍 1か月

ローストビーフ

フライパンでつくれる簡単ごちそう。肉の表面を焼いて肉汁をとじ込め、ソースで焼くように煮るので味もしみてやわらかジューシー。肉とソースは別々に保存します

材料（4人分）

牛ももかたまり肉…400〜500g

A
- 粗びきこしょう（黒）…大さじ1
- 塩…小さじ1

オリーブオイル…大さじ1

B
- 玉ねぎ（薄切り）…1/4個
- セロリ（薄切り）…5cm
- にんにく（薄切り）…1かけ

C
- 水…3/4カップ
- 赤ワイン（または白ワイン、酒）…1/4カップ
- 顆粒洋風だし…小さじ1/2
- しょうゆ…大さじ1

D
- 片栗粉、水…各小さじ1

つくり方

1 牛肉は室温に戻し、全体に**A**をすり込む。

2 フライパンにオリーブオイルを中火で熱し、**1**を入れ、表裏を2分30秒〜3分ずつ焼き、取り出す。

3 **2**のフライパンに**B**を入れて弱火にかけ、3〜4分炒める。しんなりしたら**C**を加えて**2**を戻し入れる。煮立ったら中火で5分ほど煮、上下を返してさらに5分ほど煮る。火を止めて牛肉を取り出し、アルミ箔で3重に包み、30分ほどおく。

4 **3**のフライパンに残った野菜をザルでこし、こした汁をフライパンに戻す（煮詰まりすぎたら水大さじ3を足す）。**D**の水溶き片栗粉を加え、よく混ぜて弱火にかけ、とろみをつける。

Memo

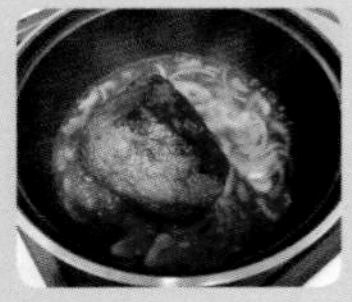

●かたまり肉は、中までじんわり加熱されたちょうどいい状態です。食べるときに好みの厚さに切り、ソースを全体にかけましょう

牛肉の赤ワイン煮

ごろっとした牛肉を、赤ワインを効かせた香味ソースで煮込みました。コクもうま味もたっぷりで、聖夜の夜にふさわしいスペシャルな一品です

冷蔵 5日
冷凍 1か月

材料（4人分）

牛カレー用肉…600g
塩、粗びきこしょう（黒）
…各小さじ¼
小麦粉…適量
玉ねぎ…½個
にんにく…1かけ
マッシュルーム…6個
A
セロリの葉…1本分
パセリ…3枝
ローリエ…1枚
オリーブオイル…小さじ2
赤ワイン…2カップ
B
砂糖…小さじ2
塩、粗びきこしょう（黒）
…各少し

つくり方

1 牛肉は塩、こしょうをふってもみ込み、小麦粉を薄くまぶす。玉ねぎ、にんにくは薄切りにする。マッシュルームは石づきを除いて半分に切る。**A**はお茶パックに入れる。

2 鍋にオリーブオイル小さじ1を強火で熱し、**1**の牛肉を入れ、全面に焼き色をつけて取り出す。

3 **2**の鍋に残りのオリーブオイルを中火で熱し、**1**の玉ねぎ、にんにくを炒める。香りが立ったら**2**を戻し入れ、赤ワイン、**A**を加える。煮立ったらアクを除き、フタをして弱火で10分ほど煮る。**1**のマッシュルームを加え、フタをしてさらに20分ほど煮、**B**で味をととのえる。

Memo

●マッシュルームの代わりにまいたけを入れてもOK。手で食べやすい大きさに裂いてください
●コク深く芳醇なソースなので、バゲットを添えて、つけながらいただくのもおすすめです
●ゆでたにんじんやいんげんなどを添えると、見た目も華やかになります

鶏肉とキャベツのトマトスープ

手軽につくれるのに味は本格的。トマトのうま味がストレートに味わえて、ご飯にもパンにも合います

材料（4人分）

鶏もも肉…大1枚（約350g）
キャベツ…1/4個
片栗粉…大さじ1
玉ねぎ…1個
サラダ油…大さじ1

A
トマト缶（カット状）…1缶（400g）
水…2カップ
顆粒洋風だし…大さじ1 1/3
トマトケチャップ…大さじ1
にんにくのすりおろし（チューブ）…小さじ1
粗びきこしょう（黒）…小さじ1/4

つくり方

1 鶏肉はひと口大に切り、片栗粉をまぶす。キャベツはひと口大のざく切り、玉ねぎは繊維に沿って1・5㎝幅に切る。

2 フライパンまたは鍋にサラダ油をひき、1の鶏肉を皮目を下にして並べ入れ、中火にかける。焼き色がついたら上下を返し、1のキャベツ、玉ねぎ、Aを加えて強火にする。煮立ったら底から混ぜ、フタをして中火で9〜10分煮、全体をざっと混ぜる。

Memo
●キャベツの芯に近い部分はよくほぐしておきましょう。固まったままだと、火のとおりが悪くなってしまいます

冷蔵 4日　冷凍 1か月

ほうれん草のトルティーヤ

スペインバルの定番タパス。具だくさんでボリューミー。ケーキのようなおしゃれな見た目なのでおもてなしにもぴったりです

材料（4人分）

卵…4個
ほうれん草…1束（200g）
じゃがいも…3個
玉ねぎ…1/2個
にんにく…1かけ
プロセスチーズ（好みで）…40g

A
牛乳…大さじ2
塩…小さじ1/2
こしょう…少し

オリーブオイル…大さじ3

つくり方

1 ほうれん草は塩小さじ1（分量外）を加えた熱湯でゆで、水に取って水気をしっかり絞って3〜4㎝長さに切る。じゃがいも、玉ねぎは4つ割りにして4〜5㎜幅に切る。にんにくは薄切りにする。チーズは2㎝角に切る。

2 ボウルに卵を割り入れ、A、1のほうれん草、チーズを加えて混ぜる。

3 フライパンにオリーブオイル、1のにんにくを入れて弱めの中火にかけ、香りが立ったら1のじゃがいも、玉ねぎを加える。フタをしてときどき混ぜながら焼き、じゃがいもがやわらかくなったら弱火にし、2を流し入れる。周りが固まってきたら全体を2〜3回混ぜ、5〜7分蒸し焼きにし、フタを取って上下を返し、さらに3〜4分焼く。粗熱を取って切り分ける。

Memo
●ゆでたほうれん草の水気の絞り方がゆるいと、卵がうまく固まらず、仕上がりの味も決まらないので気をつけましょう

冷蔵 5日

にんじんのツナサラダ

おなじみのデリ風サラダに、ツナのうま味をプラス。
鮮やかな彩りでテーブルに華を添えてくれる名脇役です

材料（4人分）

にんじん…2本

ツナ缶（油漬けまたはノンオイル）…小2缶（70g×2）

A

酢…大さじ2

塩…小さじ½

粗びきこしょう（黒）…小さじ¼

つくり方

1 にんじんは皮つきのままスライサーなどで千切りにする。

2 ボウルに**1**を入れ、ツナを缶汁ごと加え、**A**を加えてあえる。

冷蔵 5日

Memo

●マヨネーズやクリームチーズを加えてあえても◎。残ったら、サンドイッチの具材やお弁当にも活用できます

水菜大量消費サラダ

さっぱりシャキシャキで肉料理との相性が◎。
手間をかけずにおいしくつくれる、私の大好きなサラダです

材料（4人分）

水菜…1束（200g）

かつお節…小2パック（5〜6g）

A

いりごま（白）…大さじ3

ごま油、サラダ油、しょうゆ…各大さじ1

砂糖…小さじ½

つくり方

1 水菜は根元を切り落とし、2〜3㎝長さに切り、水にさらして水気をきる。

2 ボウルに**1**を入れ、かつお節を加えてよくあえ、**A**を加えてさらにあえる。

冷蔵 4日

Memo

●水菜は水気をきって調味料とあえましょう。水気がついたままだと水っぽい仕上がりになり、つくりおきに向きません

1月 1週目

おしながき

おせちは伝統的なつくりおき料理です。家庭の味のおせちが一品でも食卓に並ぶと、気持ちのよい新年が迎えられますよね。肩ひじ張らずにつくれるわが家の味を紹介します

サブおかず

ナッツたっぷりごまめ
▶ P.107
冷蔵 5日　冷凍 1か月

野菜たっぷり根菜汁
▶ P.108
冷蔵 4日　冷凍 1か月

五色なます
▶ P.108
冷蔵 1週間　冷凍 1か月

メインおかず

ぶりのフライパン照り焼き
▶ P.105
冷蔵 4日　冷凍 1か月

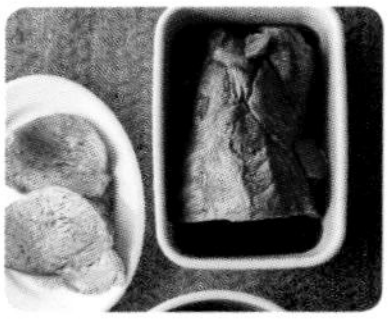

フライパンでチャーシュー
▶ P.106
冷蔵 5日　冷凍 1か月

やわらか鶏ごぼう
▶ P.107
冷蔵 5日

食材リスト

肉・魚

ぶり（切り身）…4切れ
豚肩ロースかたまり肉…500g
鶏胸肉…2枚（約600g）
鶏もも肉…1枚（約300g）
ごまめ…30g

野菜

ごぼう…2本
にんじん…2本
大根…½本
れんこん…小1節
しょうが…1かけ

その他

こんにゃく…1枚
好みのナッツ（無塩・ミックスナッツ、くるみ、アーモンド、ピーナツなど）…50g
干ししいたけ…4枚
油揚げ…1枚
ゆずの皮（千切り）…大さじ½
いりごま（白）…大さじ1⅔

ぶりのフライパン照り焼き

わが家のおせちに欠かせない、魚料理の筆頭格。臭みを抜いて、しっかりたれをからめる手順をマスターすれば、フライパンひとつで手軽につくれます

冷蔵 4日　冷凍 1か月

材料（4人分）

ぶり（切り身）…4切れ
塩…小さじ2
片栗粉…大さじ3
サラダ油…大さじ1
A しょうゆ、酒、みりん…各大さじ2
　砂糖…大さじ1

つくり方

1 ぶりは両面に塩をふり、冷蔵庫で30分ほどおく。水洗いして水気をふき、片栗粉をまぶす。

2 フライパンにサラダ油をひき、**1**を皮目を下にして並べ入れ、中火にかける。5〜6分焼き、上下を返して3分ほど焼き、余分な油をふき取る。

3 **2**に合わせた**A**を加え、味をからめる。

Memo

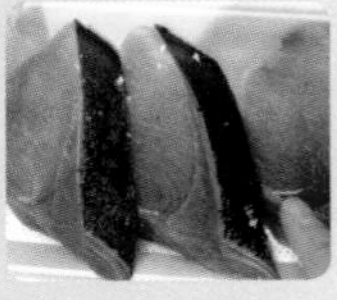

●ぶりは塩をふることで、臭みが抜けてうま味が凝縮されます。この塩は、焼く前に洗って落とし、水気をしっかりふき取りましょう

フライパンでチャーシュー

日もちがして、主役を張れる肉料理があると、子どもたちも大喜び。かたまりのまま保存し、食べる分だけ切り分けるとおいしさが保てます

冷蔵 5日
冷凍 1か月

材料（4人分）
豚肩ロースかたまり肉…500g
しょうが…1かけ
サラダ油…小さじ2
酒…½カップ
しょうゆ…大さじ2

つくり方

1 しょうがは皮ごと薄切りにする。

2 フライパンにサラダ油を中火で熱し、豚肉を入れて焼き、全面に軽い焼き色をつける。火を止めて酒、しょうゆ、1の順に加えてなじませる。フタをして弱火にかけ、14〜15分煮、肉の上下を返してさらに15分ほど蒸し煮にする。

3 フタを取って全体に煮汁をからめ、再びフタをし、煮立ったら火を止めて粗熱が取れるまでおく。

Memo

●フライパンをよく熱してから焼くことで表面のタンパク質を固め、うま味を閉じ込めます。すべての面をまんべんなく焼きましょう

やわらか鶏ごぼう

使う材料は最小限。筑前煮よりも簡単につくれます。盛りつける際はゆでた絹さやをあしらい、彩りよく仕上げても

冷蔵 5日

材料（4人分）

鶏胸肉…2枚（約600g）
ごぼう…1本
片栗粉…大さじ1
にんじん…1/2本
こんにゃく…1枚
サラダ油…小さじ2

A
だし汁…1カップ
（または水1カップ＋顆粒和風だし小さじ1/2）
砂糖、酒…各大さじ1

B
しょうゆ…大さじ2
みりん…大さじ1

つくり方

1 鶏肉はひと口大のそぎ切りにし、片栗粉をまぶす。ごぼうは3〜4㎝長さの斜め切りにし、水にさらして水気をきる。にんじんは皮つきのままひと口大の乱切りにする。こんにゃくはひと口大にちぎり、熱湯で下ゆでしてアクを抜く。

2 フライパンにサラダ油をひき、**1**の鶏肉を広げ入れ、フタをして弱火にかける。焼き色がついたら上下を返し、両面をこんがり焼いて取り出す。

3 **2**のフライパンに**1**のごぼう、にんじん、こんにゃくを入れ、強めの中火で炒める。全体に油が回ったら、**A**を加えてフタをし、根菜がやわらかくなるまで中火で10分ほど煮る。**B**を加えて弱めの中火でひと煮し、**2**を戻し入れて5〜6分炒りつける。

Memo
●鶏肉は表面に焼き色だけつけたらいったん取り出し、最後に戻し入れて火をとおすとやわらかく仕上がります

ナッツたっぷりごまめ

素朴な田づくりも、ナッツを加えるとイメージ一新。これなら小魚の苦味が苦手な方も、おいしく食べられます

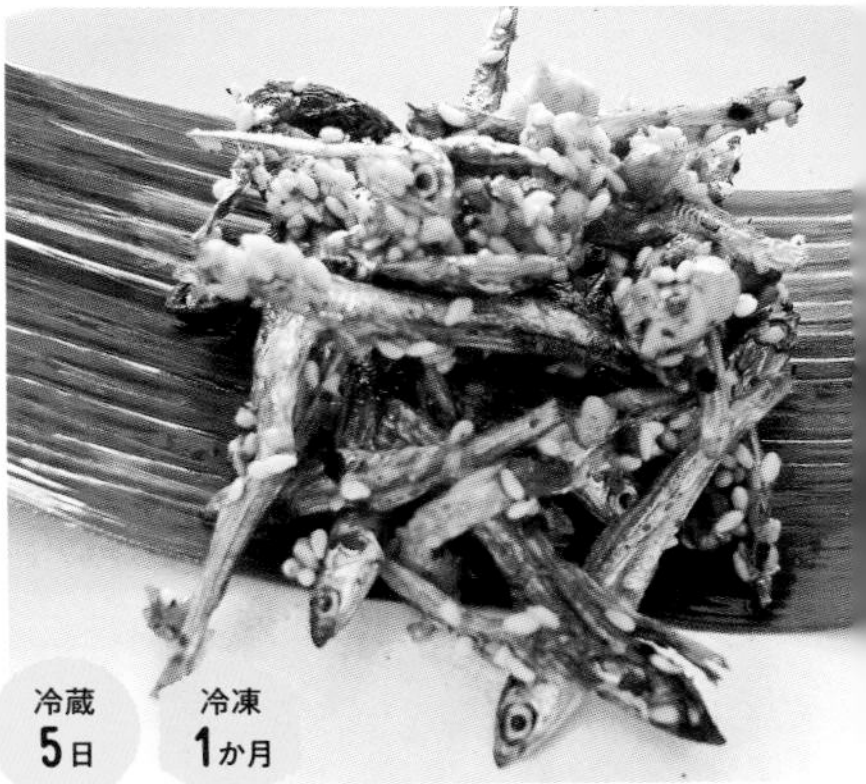

冷蔵 5日　冷凍 1か月

材料（4〜5人分）

ごまめ…30g
好みのナッツ（無塩・ミックスナッツ、くるみ、アーモンド、ピーナツなど）…50g

A
砂糖、しょうゆ、酒、みりん
…各大さじ1

いりごま（白）
…小さじ2

つくり方

1 ごまめとナッツはそれぞれから炒りし、ナッツは粗く砕く。

2 フライパンに**A**を入れ、弱火にかける。周囲がぷくぷくと泡立ってきたら、**1**、ごまを加え、大きく混ぜながら味をからめる。

3 クッキングシートを敷いたバットに**2**を広げ入れ、冷ます。

Memo
●ごまめのから炒り具合は、一尾を取り出して少し冷まし、手で簡単にポキッと折れるかどうかを確かめるとよいです

野菜たっぷり根菜汁

これは、ずっとつくり続けているわが家のお雑煮のレシピです。鶏肉や根菜のだしが汁に溶け込んで、体にしみ入るおいしさ!

材料(4人分)
鶏もも肉…1枚(約300g)
大根…1/4本
にんじん…小1本
ごぼう…小1本
A だし汁…4カップ(または水4カップ+顆粒和風だし小さじ2)
酒…大さじ2
B しょうゆ…大さじ1
塩…小さじ1/2

つくり方
1 鶏肉は小さめのひと口大に切る。大根、にんじんは皮つきのまま2〜3㎜厚さの半月切りにする。ごぼうは斜め薄切りにする。
2 フライパンまたは鍋に1、Aを入れ、フタをして強めの中火にかける。煮立ったら底から混ぜ、途中アクを除きながら弱めの中火でさらに9〜10分煮る。Bで調味してひと煮する。

冷蔵4日 冷凍1か月

Memo
●根菜は皮つきのまま使いましょう。根菜そのものの甘味のあるよいだしが出て、おいしく仕上がります

五色なます

具材を炒めてから酢であえるので、まろやかな味わい。色とりどりで華やかな、飽きのこない一品です

冷蔵1週間 冷凍1か月

材料(4人分)
大根…1/4本
にんじん(あれば京にんじん)…1/2本
れんこん…小1節
干ししいたけ…4枚
油揚げ…1枚
サラダ油…大さじ1
砂糖…大さじ2 1/2
A 酢…大さじ6
だし汁…大さじ4(または水大さじ4+顆粒和風だし小さじ1/4)
薄口しょうゆ(またはしょうゆ)…小さじ1
塩…小さじ1/4
ゆずの皮(千切り)…大さじ1/2
いりごま(白)…大さじ1

つくり方
1 干ししいたけは水につけて戻し、石づきを除いて3〜4㎜幅に切る。大根、にんじんは3〜4㎜幅の短冊切りにする。れんこんは3〜4㎜幅の半月切りにし、水にさらして水気をきる。油揚げは熱湯を回しかけて油抜きをし、水気を絞って1㎝幅に切る。
2 鍋にサラダ油を中火で熱し、1の大根、れんこんを炒める。透きとおってきたら1のにんじん、しいたけ、油揚げを加えて炒め、全体に油が回ったら砂糖を加えてなじませる。
3 2に合わせたAを加え、混ぜながらひと煮立ちさせる。火を止めて冷まし、ゆずの皮、ごまを加え混ぜる。

Memo
●具材は少し厚めに切ると、歯ごたえよく仕上がります。三杯酢を加えたら煮すぎず、手早く冷ましましょう

1月

2週目

おしながき

年末年始のごちそう続きで疲れた胃腸をリセット。消化を助ける働きのある長ねぎや大根、腸活に有効な食物繊維が豊富なさつまいもなど、体にいい野菜たっぷりのヘルシーメニューです

サブおかず

ほうれん草のツナごまあえ
▶ P.112
冷蔵 5日　冷凍 1か月

ブロッコリーの焼きびたししょうが風味
▶ P.113
冷蔵 5日　冷凍 1か月

大根の塩昆布なます
▶ P.113
冷蔵 1週間

メインおかず

鶏胸肉と長ねぎのみそ炒め
▶ P.110
冷蔵 5日　冷凍 1か月

上海風　鶏もも肉と白菜の蒸し煮
▶ P.111
冷蔵 4日　冷凍 1か月

豚肉とさつまいもの甘辛炒め煮
▶ P.112
冷蔵 5日　冷凍 1か月

食材リスト

肉

鶏胸肉…2枚（約600g）
鶏もも肉…1枚（約300g）
豚こま切れ肉…300g

野菜

長ねぎ…2本
白菜…1/4個（650g）
さつまいも…中2本
ほうれん草…2束（400g）
ブロッコリー…1株
大根…1/2本

その他

ツナ缶（油漬け）…小1缶（80g）
かつお節…小2パック（5〜6g）
塩昆布…10g
すりごま（白）…大さじ2

鶏胸肉と長ねぎのみそ炒め

やわらかな鶏胸肉ととろとろに煮た長ねぎに、みそだれをからめます。調味料が控えめでも、しっかり味がつくのがみそ味のいいところです

冷蔵 5日　冷凍 1か月

材料（4人分）

- 鶏胸肉…2枚（約600g）
- 長ねぎ…2本
- 片栗粉…大さじ2
- サラダ油…小さじ2
- **A**
  - みそ…大さじ2
  - 酒、みりん…各大さじ1
  - 砂糖、しょうゆ…各小さじ2

つくり方

1. 鶏肉はひと口大のそぎ切りにし、片栗粉をまぶす。長ねぎは4～5㎝長さのぶつ切りにする。
2. フライパンにサラダ油をひき、**1**の鶏肉を広げ入れ、フタをして弱火にかける。焼き色がついたら上下を返し、**1**の長ねぎを加えてざっと混ぜ、さらに3～4分蒸し焼きにする。
3. **2**に合わせた**A**を加え、再びフタをする。ふつふつしてきたらフタを取り、ひと混ぜして味をからめる。

Memo

●長ねぎを加えたらしんなりするまでじっくり蒸し焼きにし、うま味をしっかりと引き出します。火加減はずっと弱火のままで

上海風　鶏もも肉と白菜の蒸し煮

こんがり焼いた鶏もも肉に、ざく切りにした白菜をのせて蒸し煮にするだけ。とろとろに煮えた白菜の優しい味わいで、弱った胃腸でも無理なく食べられます

冷凍 1か月　冷蔵 4日

材料（4人分）

鶏もも肉…1枚（約300g）
白菜…1/4個（650g）
サラダ油　小さじ1

A
- 水…1/2カップ
- 酒、しょうがのすりおろし（チューブ）…各大さじ1
- 顆粒鶏ガラスープ…小さじ1 1/2
- 砂糖、にんにくのすりおろし（チューブ）…各小さじ1
- 塩…小さじ1/4

B しょうゆ、ごま油…各小さじ2

C 片栗粉、水…各大さじ1

つくり方

1 鶏肉は皮目にフォークで穴をあけ、ひと口大に切る。白菜は3〜4㎝幅のざく切りにする。

2 フライパンにサラダ油をひき、**1**の鶏肉を皮目を下にして並べ入れ、中火にかける。焼き色がついたら上下を返し、両面をこんがり焼く。

3 **2**に**1**の白菜を広げのせ、合わせた**A**を加える。フタをして強めの中火にし、煮立ったら全体を混ぜ、再びフタをして中火で5分ほど煮る。**B**で味をととのえ、**C**の水溶き片栗粉でとろみをつける。

Memo

- 白菜の軸に近いかたい部分は、そぎ切りにして厚みをそろえておくと、短時間で火がとおります
- ご飯にたっぷりとかけてどんぶり仕立てにしたり、中華麺を加えて煮込んでもおいしいです

豚肉とさつまいもの甘辛炒め煮

さつまいもの甘味を生かした、うま味満点のおかずです。食物繊維もとれるから、おいしく食べながらおなかすっきり！

材料（4人分）

豚こま切れ肉…300g
さつまいも…中2本

A
だし汁…1/4カップ（または水1/4カップ＋顆粒和風だし少し）
しょうゆ…大さじ2
みりん…小さじ2

つくり方

1 さつまいもは皮つきのまま1・5cm厚さの斜め輪切りにし、1・5cm幅に切り、水にさらして水気をきる。

2 鍋に**1**を入れてひたひたに水を注ぎ、フタをして強火にかける。沸騰したら弱めの中火にし、竹串がスーッと通るまでゆで、ザルに上げる。

3 フライパンに油をひかずに豚肉を入れ、中火にかけて炒める。肉の色が変わったら**2**を加えて炒め合わせ、合わせた**A**を加えて汁気がなくなるまで炒め煮にする。

冷蔵 5日　冷凍 1か月

Memo
●バターを加えてもおいしいです。火を止めてから大さじ1を加えるか、食べるときに1人分小さじ1を加えて温めても

ほうれん草のツナごまあえ

冬の露地もののほうれん草は甘味も濃くて栄養満点。ツナとあえたマイルドな味つけで、食べるそばから元気に！

材料（4人分）

ほうれん草…2束（400g）
ツナ缶（油漬け）…小1缶（80g）
すりごま（白）…大さじ2

A
砂糖、しょうゆ…各小さじ2
しょうがのすりおろし（チューブ）…小さじ1

つくり方

1 ほうれん草は3〜4cm長さに切る。

2 鍋にたっぷりの湯を沸かし、**1**を茎、葉の順に入れる。再沸騰したらザルに上げ、水に取って水気をしっかり絞る。

3 ボウルにツナを缶汁ごと入れ、**A**を加えてよく混ぜ、**2**を加えてあえる。

冷蔵 5日　冷凍 1か月

Memo
●ツナは缶汁ごと使いましょう。コクとうま味がふんだんに加わって、とてもおいしくなります

ブロッコリーの焼きびたししょうが風味

生のまま蒸し焼きにして、旬の栄養を丸ごといただきます。だしびたしにするとうま味がしみて、香ばしさも格別です

材料（4人分）

ブロッコリー…1株

A
- かつお節…小2パック（5〜6g）
- 水…½カップ
- めんつゆ（3倍濃縮）…大さじ1⅓
- しょうがのすりおろし（チューブ）…大さじ1

つくり方

1 ブロッコリーは小房に分け、茎はかたい皮を除いて斜め薄切りにする。

2 フライパンに1を入れ、フタをして中火にかけ、3分ほど焼く。フタを取ってざっと混ぜ、合わせたAを加える。火を止めて余熱で全体にからめる。

冷蔵 5日　冷凍 1か月

Memo

●ちりめんじゃこや干しえびを加えてつくったり、盛りつける際にごまをふったり、しらすをトッピングしても

大根の塩昆布なます

大根に含まれる消化酵素は、生で食べるのが効果的です。塩昆布ベースのなますなら、味つけ簡単でうま味も◎

材料（4人分）

大根…½本

A
- 砂糖…小さじ2
- 塩…小さじ1

B
- 塩昆布…10g
- 酢…大さじ2
- 砂糖…小さじ1½
- しょうゆ…小さじ½

つくり方

1 大根は皮つきのまま千切りにする。Aをふって軽くもみ、10分ほどおいて水気をしっかり絞る。

2 ボウルにBを混ぜ合わせ、1を加えてあえる。

冷蔵 1週間

Memo

●酢の¼量をゆず、かぼす、すだち、レモンなどの柑橘類の果汁にすると、さわやかな味わいが楽しめます

1月 3週目

おしながき

大根と白菜のおいしい季節です。価格もお手頃になるのでたっぷり使って旬ならではの味を堪能。ほかにも、ほうれん草やブロッコリーなど冬野菜を食べ尽くします

サブおかず

ほうれん草とコーンのサラダ
▶ P.117
冷蔵 4日　冷凍 1か月

もやしとのりのナムル
▶ P.118
冷蔵 4日　冷凍 1か月

玉ねぎのさっぱりおひたし
▶ P.118
冷蔵 4日　冷凍 1か月

メインおかず

鶏ひき肉と白菜のクリームスープ
▶ P.115
冷蔵 4日　冷凍 1か月

豚こまと大根の炒め煮
▶ P.116
冷蔵 5日　冷凍 1か月

鶏胸肉とブロッコリーの酒蒸し
▶ P.117
冷蔵 5日　冷凍 1か月

食材リスト

肉・魚

鶏ひき肉…300g
豚こま切れ肉…300g
鶏胸肉…2枚（約600g）

野菜

白菜…¼個
しめじ…1パック
大根…½本
ブロッコリー…1株
ほうれん草…2束（400g）
もやし…2袋
玉ねぎ…2個
しょうが…1かけ
にんにく…2かけ

その他

コーン缶（ホール状）…1缶（190g）
焼きのり（全形）…4枚
かつお節…小2パック（5〜6g）
牛乳…1カップ
いりごま（白）…大さじ1⅓

鶏ひき肉と白菜のクリームスープ

たっぷりの白菜をとろとろに煮た、優しい味わいのミルクスープです。冷え込む日も、体がほっこり芯から温まります

冷蔵 4日
冷凍 1か月

材料（4人分）
鶏ひき肉…300g
白菜…1/4個
しめじ…1パック
サラダ油…小さじ1

A
水…1/2カップ
顆粒洋風だし…大さじ1 1/3
酒…大さじ1
砂糖…小さじ1
塩…小さじ1/3

小麦粉…大さじ3

B
水…2 1/2カップ
牛乳…1カップ
こしょう…小さじ1/4

つくり方

1 白菜は3㎝幅のざく切りにする。しめじは石づきを除いてほぐす。

2 フライパンまたは鍋にサラダ油を中火で熱し、ひき肉をほぐしながら炒める。肉の色が変わったら**1**の白菜、**A**を入れる。フタをして強めの中火にし、煮立ったら底から混ぜて**1**のしめじを加え、さらに中火で7～8分煮る。

3 弱火にし、**2**に小麦粉を3回に分けて加え、その都度よく混ぜる。**B**を加え、底から混ぜて温める。

Memo

●白菜からしっかり水分を引き出すために、煮立ったら一度底からかき混ぜて、白菜全体が煮汁につかるようにしましょう

豚こまと大根の炒め煮

大根の皮むきなし、下ゆでなし、味つけ簡単で、ラクラクつくれます。
薄切りの大根に、たっぷりの豚肉がからんだ甘辛味で夢中になるおいしさ！

冷蔵 5日
冷凍 1か月

材料（4人分）
豚こま切れ肉…300g
大根…1/2本
片栗粉…大さじ3
サラダ油…小さじ2

A
しょうが（千切り）…1かけ
水…3/4カップ
しょうゆ…大さじ3
砂糖、みりん…各大さじ1

つくり方

1 豚肉は片栗粉をまぶす。大根は皮つきのまま7㎜厚さのいちょう切りにする。

2 フライパンにサラダ油をひき、**1**の豚肉を広げ入れ、弱めの中火にかける。焼き色がついたら上下を返し、**1**の大根を加えてざっと混ぜる。

3 **2**に合わせた**A**を加え、フタをして中火で5〜6分煮、フタを取って全体を混ぜて味をからめる。

Memo

●豚肉はフライパンに面している側に焼き色がつくまで動かしません。むやみにいじると片栗粉がはがれ、火のとおりも悪くなります

鶏胸肉とブロッコリーの酒蒸し

味つけは塩、こしょうだけで素材のもち味を生かします。栄養満点で高タンパク、低糖質。糖質制限中の方にもおすすめです

材料（4人分）

鶏胸肉
…2枚（約600g）
ブロッコリー…1株
塩…小さじ1
にんにく…2かけ
赤唐辛子…2〜3本
粗びきこしょう（黒）
…小さじ½
酒…1カップ

つくり方

1 鶏肉はひと口大のそぎ切りにし、塩をもみ込む。ブロッコリーは小房に分け、茎はかたい皮を除いて斜め薄切りにする。にんにくは薄切りにする。

2 フライパンに1のブロッコリー、にんにくと赤唐辛子を入れ、1の鶏肉を広げのせる。こしょうをふって酒を注ぎ、フタをして中火にかける。煮立ったら弱火で6〜7分煮、鶏肉をほぐし、さらに5〜6分蒸し煮にする。火を止めて5分ほど蒸らす。

冷蔵 5日　冷凍 1か月

Memo

●ブロッコリーはやわらかめの仕上がりです。かためが好きなら、つくり方2の鶏肉をほぐすタイミングで入れましょう

ほうれん草とコーンのサラダ

味の決め手はスペシャル配合の簡単ドレッシング。ほうれん草がもりもり食べられること請け合いです

材料（4人分）

ほうれん草…2束（400g）
コーン缶（ホール状）
…1缶（190g）

A
マヨネーズ…大さじ2
しょうゆ、ごま油
…各大さじ1
砂糖…小さじ1
顆粒和風だし、
粗びきこしょう（黒）
…各小さじ½

つくり方

1 ほうれん草は4〜5cm長さに切る。コーンは缶汁をきる。

2 鍋にたっぷりの湯を沸かし、1のほうれん草を茎、葉の順に入れる。再沸騰したらザルに上げ、水に取って水気をしっかり絞る。

3 ボウルにAを混ぜ合わせ、1のコーン、2を加えてあえる。

冷蔵 4日　冷凍 1か月

Memo

●このドレッシングはほかのサラダにも万能に活用できます。冷蔵庫で2週間程度は保存可能です

もやしとのりのナムル

5分でできる、おつまみにもなる安うまおかずです。ごま油の香りとのりの風味がもやしにからんで美味！

材料（4人分）
もやし…2袋
焼きのり（全形）…4枚
A
しょうゆ、ごま油…各大さじ1⅓
顆粒鶏ガラスープ…小さじ1
こしょう…小さじ¼
いりごま（白）…大さじ1⅓

つくり方
1 フライパンにもやしを入れ、水2カップ、酢大さじ1（各分量外）を加え、フタをして強火にかける。沸騰したら火を止めてザルに上げ、水気をよくきる。焼きのりは小さくちぎる。
2 ボウルに**A**を混ぜ合わせ、**1**のもやし、**1**ののりを加え混ぜる。ごまを加えてあえる。

冷蔵 4日　冷凍 1か月

Memo
●余った焼きのりの救済レシピとしても役立ちます。なるべく小さくちぎることで、からみがよくなります

玉ねぎのさっぱりおひたし

常備の玉ねぎでできる簡単おひたし。さっとゆでることで特有の辛味も消えて、驚くほど甘味が生きた仕上がりに！

材料（4人分）
玉ねぎ…2個
A
かつお節…小2パック（5〜6g）
だし汁…1カップ（または水1カップ＋顆粒和風だし小さじ½）
しょうゆ、酢…各大さじ2⅔

つくり方
1 玉ねぎは半分に切り、繊維に沿って5㎜幅に切る。
2 鍋にたっぷりの湯を沸かし、**1**を入れる。再沸騰したらザルに上げ、水にさらして水気をきる。
3 ボウルに**A**を混ぜ合わせ、**2**の水気をしっかり絞って加え、あえる。

冷蔵 4日　冷凍 1か月

Memo
●食べるドレッシングとして、レタスや豆腐などの上に漬け汁ごとたっぷりかけていただいてもおいしいです

1月

4週目

おしながき

今週は、和洋中とバラエティに富んだ味つけに！

ご飯に合うのはもちろん、つまみにもなるおかずをそろえたので、その日の気分に合わせて楽しめます♪

サブおかず

玉ねぎのツナマヨサラダ
▶ P.122
冷蔵 4日　冷凍 1か月

ごま油味玉
▶ P.123
冷蔵 3日

切り干し大根とほうれん草のごまあえ
▶ P.123
冷蔵 5日　冷凍 1か月

メインおかず

ご飯がすすむ麻婆白菜
▶ P.120
冷蔵 4日　冷凍 1か月

手羽先とひよこ豆のポトフ
▶ P.121
冷蔵 5日

鶏胸肉と長ねぎのねぎま風炒め
▶ P.122
冷蔵 5日　冷凍 1か月

食材リスト

肉

豚ひき肉…200g
鶏手羽先（または手羽元）…8本
鶏胸肉…2枚（約600g）
ウインナソーセージ…8本

野菜

白菜…1/4個
じゃがいも（メークイン）…2個
にんじん…1 1/2本
キャベツ…1/4個
長ねぎ…4本
玉ねぎ…2個
ほうれん草…1束（200g）
にんにく…2かけ
しょうが…1かけ

その他

ひよこ豆（水煮）…100〜150g
ツナ缶（油漬けまたはノンオイル）…小2缶（70g×2）
卵…4個
切り干し大根…20g
油揚げ…1枚
すりごま（白）…大さじ2
いりごま（白）…大さじ1

ご飯がすすむ 麻婆白菜

麻婆といえば豆腐が定番ですが、旬の白菜でアレンジを！
ピリッと辛くて濃厚なあんが、とろりと甘い白菜にマッチしてやみつきに

冷蔵 4日
冷凍 1か月

Memo

●白菜は、繊維に沿って細切りにすると歯ざわりよく仕上がります
●麻婆あんは、ひき肉→甜麺醤→香味野菜→豆板醤・一味唐辛子の順に加えて炒めましょう。こうすることで、香味野菜を焦がさず、豆板醤の辛味が強すぎることもなくなります

材料（4人分）

豚ひき肉…200g
白菜…1/4個
サラダ油…小さじ2
甜麺醤（または赤みそ）…大さじ1
A にんにく、しょうが（各みじん切り）…各1かけ
　長ねぎ（みじん切り）…1本
B 豆板醤…小さじ1
　一味唐辛子（好みで）…小さじ1/4
C 水…1カップ
　紹興酒（または酒）…大さじ1
　顆粒鶏ガラスープ、砂糖…各小さじ2
D しょうゆ、ごま油…各大さじ1
　花椒（ホアジャオ・あれば好みで）…小さじ1/3
E 片栗粉、水…各大さじ1

つくり方

1 白菜は7〜8cm長さに切り、繊維に沿って1cm幅に切る。

2 フライパンにサラダ油を中火で熱し、ひき肉を入れ、ときどきほぐしながら炒める。肉の色が変わったら弱火にし、甜麺醤を入れてなじませ、**A**を加えて炒める。香りが立ったら**B**を加えて混ぜ合わせる。

3 **2**に**C**、**1**を加えてざっと混ぜ、煮立ったらフタをして中火で5分ほど煮る。**D**で味をととのえ、**E**の水溶き片栗粉でとろみをつける。

手羽先とひよこ豆のポトフ

肉やひよこ豆、野菜などでつくるスペイン版のポトフ「コシード」です。
具材のうま味がスープに移って、シンプルな味つけでも深い味わいが楽しめます

冷蔵
5日

材料（4人分）

鶏手羽先（または手羽元）…8本
ひよこ豆（水煮）…100〜150g
ウインナソーセージ…8本
じゃがいも（メークイン）…2個
にんじん…1本
キャベツ…1/4個
長ねぎ…1本

A
水…4カップ
にんにく（薄切り）…1かけ
ローリエ…1枚

B
塩…小さじ1/2
こしょう…小さじ1/4

つくり方

1 ソーセージはフォークで穴をあける。じゃがいもは4等分に切る。にんじんは皮つきのままひと口大の乱切り、キャベツは大きめのひと口大に切る。長ねぎはぶつ切りにする。

2 鍋に手羽先、Aを入れて中火にかける。煮立ったらアクを除いて10分ほど煮る。

3 2に1のじゃがいも、にんじん、長ねぎを加えて5分ほど煮る。ひよこ豆、1のソーセージ、キャベツを加えてさらに15分ほど煮、Bで調味する。

Memo

●ひと鍋で2回楽しむのが、本場スペイン流です。最初は煮汁だけを取り分け、ゆでたショートパスタを入れてスープとして食べ、そのあとに残りの具材をメインとしていただきます
●オリーブオイルをかけたり、粒マスタードを添えて食べても

鶏胸肉と長ねぎのねぎま風炒め

焼き鳥風の甘辛こってり味のたれをからめた、つまみ系おかず。胸肉なのにやわらかで、ご飯にもお酒にもよく合います

材料（4人分）
鶏胸肉…2枚（約600g）
長ねぎ…2本
片栗粉…大さじ2
サラダ油…小さじ2
A
しょうゆ…大さじ3
砂糖…大さじ1⅓
みりん…大さじ1

冷蔵 5日　冷凍 1か月

つくり方

1 鶏肉はひと口大のそぎ切りにし、片栗粉をまぶす。長ねぎは4～5cm長さのぶつ切りにする。

2 フライパンにサラダ油をひき、1の鶏肉を広げ入れ、フタをして弱火にかける。焼き色がついたら上下を返し、1の長ねぎを加えてざっと混ぜ、さらに3～4分蒸し焼きにする。

3 2に合わせたAを加え、再びフタをして3～4分煮、フタを取って全体を混ぜて味をからめる。

Memo
●調味後、フタを取ったら、ヘラで混ぜながら、フライパンの底がなぞれるくらいまで調味液を煮詰めて仕上げましょう

玉ねぎのツナマヨサラダ

缶詰利用でつくれるお手軽サラダ。すりごまとしょうゆを加えて甘味とコクたっぷりに仕上げます

材料（4～6人分）
玉ねぎ…2個
ツナ缶（油漬けまたはノンオイル）…小2缶（70g×2）
A
マヨネーズ、すりごま（白）…各大さじ2
しょうゆ…大さじ1

冷蔵 4日　冷凍 1か月

つくり方

1 玉ねぎは半分に切り、繊維に沿って5mm幅に切る。

2 鍋にたっぷりの湯を沸かし、1を入れる。再沸騰したらザルに上げ、水にさらして水気をきる。

3 ボウルに2を入れ、ツナを缶汁ごと加え、Aも加えてあえる。

Memo
●味をみて、もし薄く感じるようであれば、マヨネーズ大さじ½＋しょうゆ小さじ½程度から加えて調節してください

ごま油味玉

ごま油の香りを効かせた、中華風の味玉です。
麻婆白菜や鶏胸肉と長ねぎのねぎま風炒めと相性◎

材料（4人分）

卵…4個

A
しょうゆ…大さじ2⅔
ごま油…大さじ1⅓
顆粒鶏ガラスープ…小さじ1

つくり方

1 鍋に卵を入れてひたひたに水を注ぎ、酢適量（水1ℓに対して大さじ1・分量外）を加え、フタをして中火にかける。沸騰したら火を止めてそのまま7分おく。水に取って殻をむく。

2 保存用ポリ袋に1、Aを入れ、空気を抜いて袋の口を閉じる。

冷蔵 3日

Memo
●卵はゆでる前に、卵のとがっていない方に画びょうやキリで浅く穴をあけておくと、殻がむきやすくなります

切り干し大根とほうれん草のごまあえ

青菜のごまあえに、切り干し大根の食感をプラス。
食物繊維もたっぷりとれる、体にうれしい一品です

冷蔵 5日　冷凍 1か月

材料（4人分）

切り干し大根…20g
ほうれん草…1束（200g）
油揚げ…1枚
にんじん…½本
だし汁…½カップ（または水½カップ＋顆粒和風だし小さじ¼）

A
しょうゆ…大さじ1
みりん…小さじ2
砂糖…小さじ1

いりごま（白）…大さじ1

つくり方

1 切り干し大根は水に10分ほどつけて戻し、水気を絞って長ければ3〜4cm長さに切る。ほうれん草は熱湯でゆで、水に取って水気をしっかり絞り、3〜4cm長さに切る。油揚げは熱湯を回しかけて油抜きをし、縦半分に切って1cm幅に切る。にんじんは皮つきのまま千切りにする。

2 鍋にAを入れて中火にかけ、砂糖が溶けたら1の切り干し大根、油揚げ、にんじんを加える。煮立ったら弱火で3〜4分煮る。

3 2に1のほうれん草を加え、ボウルに移してごまを加え、粗熱を取る。よくあえる。

Memo
●ほうれん草の代わりに小松菜でも
●混ぜご飯、おにぎり、卵焼きの具に活用するのもおすすめです

2月

1週目

おしながき

寒さの厳しい時季なので
煮込み料理やスープなど、
野菜たっぷりの
あったかメニューを
多めにつくりおき。
温め直すだけで
アツアツがすぐに楽しめ、
心も体も安らぎますよ。

サブおかず

さば缶大根
▶ P.127
冷蔵 5日　冷凍 1か月

小松菜とツナの粒マスタードあえ
▶ P.128
冷蔵 4日　冷凍 1か月

長ねぎの優しいおひたし
▶ P.128
冷蔵 4日　冷凍 1か月

メインおかず

鶏肉のトマトヨーグルト煮込み
▶ P.125
冷蔵 5日　冷凍 1か月

ほうれん草の麻婆春雨
▶ P.126
冷蔵 4日

鶏胸肉とキャベツのコンソメスープ
▶ P.126
冷蔵 4日　冷凍 1か月

食材リスト

肉

鶏もも肉
…2枚（約500g）
豚ひき肉…200g
鶏胸肉
…1枚（約300g）

野菜

玉ねぎ…2個
ほうれん草…2束（400g）
長ねぎ…3本
キャベツ…1/4個
大根…1/2本
小松菜…2束（400g）
にんにく…1かけ

その他

トマト缶（ホール状）…1缶（400g）
春雨…80g
さば缶（水煮）…2缶（190g×2）
ツナ缶（油漬けまたはノンオイル）
…小1缶（70g）
かつお節…小2パック（5〜6g）
プレーンヨーグルト（無糖）
…大さじ3

鶏肉のトマトヨーグルト煮込み

トマトの水煮でコトコト煮込む、ほったらかしでできる洋風おかず。
鶏肉はヨーグルトに漬け込むことで、びっくりするほどやわらかくなります

冷蔵 5日
冷凍 1か月

材料（4人分）

鶏もも肉…2枚（約500g）
塩…小さじ½
プレーンヨーグルト（無糖）…大さじ3
玉ねぎ…1個
にんにく…1かけ

A
トマト缶（ホール状・細かくつぶす）…1缶（400g）
塩…小さじ⅓
粗びきこしょう（黒）…小さじ¼

つくり方

1 鶏肉は皮目にフォークで穴をあけ、大きめのひと口大に切る。ポリ袋に入れ、塩を加えてもみ込む。ヨーグルトを加えて袋の口を閉じ、30分以上おく。玉ねぎは5㎜厚さのくし形に切る。にんにくは薄切りにする。

2 フライパンまたは鍋に**1**の玉ねぎ、にんにくを広げ入れ、**1**の鶏肉を漬け汁ごとのせる。**A**を加え、フタをして弱火にかけ、15～20分煮る。

Memo

●鶏肉はヨーグルトに漬け込んだ状態で、冷蔵で3日間保存できます
●好みのきのこやなすを一緒に煮込んでも
●スパゲティのソースにしてもおいしいです
●耐熱皿に入れ、ピザ用チーズを混ぜ込み、さらに粉チーズをかけて、オーブントースターで焼くのもおすすめです

ほうれん草の麻婆春雨

定番中華にほうれん草を加えてヘルシーにボリュームアップ。ピリッと辛くてご飯がすすみ、体もポカポカ温まります

材料（4人分）

- 豚ひき肉…200g
- ほうれん草…2束（400g）
- 春雨…80g
- ごま油…小さじ2
- 甜麺醤（または赤みそ）…大さじ1

A
- 長ねぎ（粗みじん切り）…1本
- にんにくのすりおろし、しょうがのすりおろし（各チューブ）…各小さじ1

B
- 豆板醤…小さじ2
- 一味唐辛子（好みで）…小さじ1/4

C
- 水…1 1/2カップ
- しょうゆ、酒（あれば紹興酒）、オイスターソース…各大さじ1
- 顆粒鶏ガラスープ、砂糖…各小さじ1

つくり方

1 ほうれん草は4〜5cm長さに切る。フライパンに入れて酒1/4カップ、塩小さじ1/4（各分量外）を加えてざっと混ぜ、フタをして中火にかける。蒸気が上がったらざっと混ぜ、ザルに上げて水気をきる。

2 1のフライパンをきれいにし、ごま油を中火で熱し、ひき肉を広げ入れ、ときどきほぐしながら炒める。肉の色が変わったら弱火にし、甜麺醤を加えてなじませる。Aを加えて炒め、香りが立ったらBを加えて混ぜ合わせる。

3 2に合わせたC、春雨を加え、煮立ったらときどき混ぜながら弱めの中火で3〜4分煮、1を加えて全体を混ぜる。

Memo
●ほうれん草は酒蒸しにして最後に加えるとベチャッとなりにくく、アクも気にならず、つくりおき向きに仕上がります

冷蔵 4日

鶏胸肉とキャベツのコンソメスープ

鶏肉のうま味がじんわり溶け込んだ、野菜がたっぷりとれる優しい味わいのスープです

材料（4人分）

- 鶏胸肉…1枚（約300g）
- キャベツ…1/4個
- 片栗粉…大さじ1
- 玉ねぎ…1個

A
- 水…4カップ
- 顆粒洋風だし…大さじ1 1/3

B
- 塩…小さじ1/2
- こしょう…小さじ1/4

つくり方

1 鶏肉はひと口大のそぎ切りにし、片栗粉をまぶす。キャベツはひと口大のざく切りにする。玉ねぎは半分に切り、繊維に沿って5mm幅に切る。

2 フライパンに1のキャベツ、玉ねぎを敷いて1の鶏肉を広げのせる。Aを加えてフタをし、強火にかける。煮立ったら弱火で10分ほど煮、全体をざっと混ぜてBで味をととのえ、さらに1分ほど煮る。

冷蔵 4日　冷凍 1か月

Memo
●鶏胸肉は片栗粉をまぶしてから煮込むと、加熱してもかたくならず、ふわっとした舌ざわりになります

冷蔵
5日
冷凍
1か月

さば缶大根

いちばん手軽につくれる、大根の煮物です。
フライパンに材料と調味料を入れたら
フタをして火にかけるだけで、絶品のおいしさに！

材料（4人分）
さば缶（水煮）…2缶（190g×2）
大根…½本（500g）
A
酒…大さじ3
しょうゆ、みりん…各大さじ2

つくり方
1 大根は皮つきのまま7㎜厚さのいちょう切りにする。
2 フライパンに1、Aを入れてざっと混ぜる。さばを缶汁ごと加え、フタをして中火にかける。煮立ったら弱めの中火で9～10分煮る。

Memo
●大根は薄めに切ると皮つきのままでおいしく食べられます。念のため重さを量り、多くても2割増し程度にとどめると、味がぼやけることがありません
●仕上げの際、味をみて薄く感じるようであれば、しょうゆを小さじ½から加えて、調整してください

小松菜とツナの粒マスタードあえ

小松菜と相性のいい粒マスタードを使った変わりあえです。ツナを加えてうま味たっぷりに仕上げます

材料（4人分）

小松菜…2束（400g）
ツナ缶（油漬けまたはノンオイル）…小1缶（70g）

A
粒マスタード…大さじ1 1/3
砂糖…小さじ2
しょうゆ…小さじ1

つくり方

1 小松菜は4〜5㎝長さに切る。
2 鍋にたっぷりの湯を沸かし、**1**を茎、葉の順に入れる。再沸騰したらザルに上げ、水に取って水気をしっかり絞る。
3 ボウルにツナを缶汁ごと入れ、**A**を加え混ぜ、**2**を加えてあえる。

冷蔵 4日　冷凍 1か月

Memo
●ゆでた小松菜はしっかり水気を絞ってからあえましょう。水気が多いと味がぼやけてしまいます

長ねぎの優しいおひたし

たっぷりのだし汁に、かつお節を効かせた優しい味。甘味を増した冬の長ねぎのおいしさが引き立ちます

材料（4人分）

長ねぎ…2本

A
かつお節…小2パック（5〜6g）
だし汁…1カップ（または水1カップ＋顆粒和風だし小さじ1/2）
しょうゆ…大さじ1 1/3
砂糖…小さじ1

つくり方

1 長ねぎは4〜5㎝長さの斜め薄切りにする。
2 鍋にたっぷりの湯を沸かし、**1**を入れる。10数えたらザルに上げ、水に取って水気をしっかり絞る。
3 ボウルに**A**を混ぜ合わせ、**2**を加えてあえる。

冷蔵 4日　冷凍 1か月

Memo
●豆腐にたっぷりのせて食べたり、とろろ昆布やいりごま、すりごま、一味・七味唐辛子をふりかけてもおいしいです

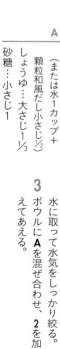

2月

2週目

おしながき

根菜が大好きなので、年から年中活用します。冬場はやっぱり、煮物や汁物がいいですね。副菜は2種類の青菜のおかずをつくりおきし、ビタミンをしっかり補給。風邪予防に努めます

サブおかず

ほうれん草のナムル
▶ P.132
冷蔵 5日　冷凍 1か月

小松菜のごまたっぷりあえ
▶ P.133
冷蔵 4日　冷凍 1か月

厚揚げと玉ねぎのうま煮
▶ P.133
冷蔵 5日　冷凍 1か月

メインおかず

鶏もも肉と大根の照り煮
▶ P.130
冷蔵 5日　冷凍 1か月

豚肉の根菜汁
▶ P.131
冷蔵 5日　冷凍 1か月

豚もも肉と長ねぎのオイスターソース炒め
▶ P.132
冷蔵 5日　冷凍 1か月

食材リスト

肉

鶏もも肉…2枚（約600g）
豚バラ薄切り肉…200g
豚ももかたまり肉…400g

野菜

大根…約2/3本
里いも…4個
ごぼう…1本
にんじん…1/2本
長ねぎ…3本
ほうれん草…2束（400g）
小松菜…2束（400g）
玉ねぎ…2個

その他

厚揚げ…4個
すりごま（白）
…大さじ9 1/3

鶏もも肉と大根の照り煮

鶏もも肉のうま味を大根にしみ込ませ、照り照りに仕上げました。
大根は薄めに切ると、下ゆでなし&短時間でつくれて味もしっかりなじみます

冷蔵 5日　冷凍 1か月

材料（4人分）

鶏もも肉…2枚（約600g）
大根…1/2本
片栗粉…大さじ2
サラダ油…小さじ2

A
酒…大さじ3
しょうゆ、みりん…各大さじ2
しょうがのすりおろし（チューブ）…大さじ1
砂糖…小さじ2
酢…小さじ1

つくり方

1 鶏肉はひと口大に切り、片栗粉をまぶす。大根は皮つきのまま7㎜厚さのいちょう切りにする。

2 フライパンにサラダ油をひき、1の鶏肉を皮目を下にして並べ入れ、弱めの中火にかける。焼き色がついたら上下を返し、1の大根を加えてざっと混ぜる。

3 2に合わせたAを加え、フタをして8～9分煮る。フタを取り、全体を底から混ぜて味をからめる。

Memo

●鶏もも肉は、臭みのある黄色い脂肪や余分な皮をキッチンバサミで除いておくと、味はもちろん口当たりもよく仕上がります

豚肉の根菜汁

たっぷりの根菜入りで、体もポカポカ温まる肉入りけんちん汁。豚肉からいいだしが出るので、味つけはシンプルに。滋味深い味わいです

冷蔵 5日
冷凍 1か月

材料（4人分）
豚バラ薄切り肉…200g
里いも…4個
ごぼう…1本
にんじん…½本
大根…5㎝
長ねぎ…1本
酒…¼カップ
A しょうゆ…大さじ1⅓
　塩…小さじ¼

つくり方

1 豚肉は3〜4㎝幅に切る。里いもは2〜4等分に切り、塩小さじ1（分量外）をふってもみ、水洗いする。ごぼうは斜め薄切り、にんじん、大根は皮つきのまま5㎜厚さのいちょう切り、長ねぎは1㎝幅の斜め切りにする。

2 鍋に**1**の豚肉、里いも、ごぼう、にんじん、大根、酒を入れ、かぶるくらいの水を注いで強火にかける。煮立ったらアクを除き、フタをして弱火で15分ほど煮る。

3 **2**に**1**の長ねぎを加えてさらに5分ほど煮、**A**で味をととのえる。

Memo

●うどんや電子レンジでやわらかくしたもちを加えると、一品でも満足感のあるおかずスープになります
●食べるときにゆでたほうれん草をトッピングすると、見た目も栄養バランスもアップ。七味唐辛子や一味唐辛子をふっても

豚もも肉と長ねぎのオイスターソース炒め

豚肉に、とろとろになった長ねぎを合わせた中華風おかずです。かたまり肉を切り分けてつくると食べごたえもしっかり！

冷蔵 5日　冷凍 1か月

材料（4人分）

豚ももかたまり肉…400g
長ねぎ…2本
片栗粉…大さじ2
サラダ油…大さじ1

A
オイスターソース、しょうゆ、酒…各大さじ1⅓
にんにくのすりおろし（チューブ）…小さじ1

つくり方

1 豚肉は1・5㎝厚さのひと口大に切り、片栗粉をまぶす。長ねぎは4～5㎝長さのぶつ切りにする。

2 フライパンにサラダ油をひき、1の豚肉を広げ入れ、フタをして弱めの中火にかける。焼き色がついたら上下を返し、1の長ねぎを加えてざっと混ぜ、さらに2分ほど蒸し焼きにする。

3 2に合わせたAを加え、再びフタをする。ふつふつしてきたらフタを取り、汁気を飛ばしながら味をからめる。

Memo
●かたまり肉は4つにカット。筋繊維を断ち切るために、端から繊維に対して直角に包丁を入れて切り分けると、食べやすくなります

ほうれん草のナムル

ほうれん草はナムルにすると、青臭さが抑えられて食べやすくなります。にんにく不使用なのでお弁当にも！

冷蔵 5日　冷凍 1か月

材料（4人分）

ほうれん草…2束（400g）
すりごま（白）…大さじ1⅓

A
ごま油…小さじ2
顆粒鶏ガラスープ、しょうゆ…各小さじ1
砂糖…小さじ½

つくり方

1 ほうれん草は4～5㎝長さに切る。

2 鍋にたっぷりの湯を沸かし、1を茎、葉の順に入れる。再沸騰したらザルに上げ、水に取って水気をしっかり絞る。

3 ボウルにAを混ぜ合わせ、2を加えてあえる。

Memo
●ほうれん草は火のとおりにくい茎から入れ、食感を残すためにさっとゆでます。必ず水にさらしてアクを抜きましょう

小松菜のごまたっぷりあえ

小松菜の副菜といえば、ごまあえが定番。余分な水気はごまに吸わせると、つくりおいても味落ちの心配がありません

材料（4人分）

小松菜…2束（400g）

A
- すりごま（白）…大さじ8
- しょうゆ…大さじ2
- 砂糖…小さじ2

つくり方

1 小松菜は4〜5㎝長さに切る。

2 鍋にたっぷりの湯を沸かし、1を茎、葉の順に入れる。再沸騰したらザルに上げ、水に取って水気をしっかり絞る。

3 ボウルにAを混ぜ合わせ、2を加えてあえる。

Memo
●盛りつける際はかつお節をかけても
●細かく刻んでご飯に混ぜたり、卵焼きやオムレツの具材にも活用できます

厚揚げと玉ねぎのうま煮

材料を切って、フライパンでチャチャッと煮るだけ。玉ねぎの甘味を生かした薄味の体に優しい味わいです

材料（4人分）

厚揚げ…4個

玉ねぎ…2個

A
- 水…1カップ
- しょうゆ…大さじ3
- 酒…大さじ2
- みりん…大さじ1
- 顆粒和風だし…小さじ1

つくり方

1 厚揚げはペーパータオルで表面の油をふき、縦半分に切って1・5㎝幅に切る。玉ねぎは半分に切り、繊維に沿って5㎜幅に切る。

2 フライパンに1、Aを入れ、フタをして強めの中火にかける。煮立ったら弱めの中火で7〜8分煮、全体を底から混ぜてひと煮する。

Memo
●食べ残したら、卵でとじたり、カレー粉を加えてカレースープのようにしていただくのもおすすめです

2月 3週目

おしながき

今週も引き続き、風邪対策を意識したつくりおきおかずです。主菜は、体温め効果の高い食材や味つけに。副菜の青菜のおかずは、使う素材を替えることでマンネリを防ぎます

サブおかず

春菊のおひたし
▶ P.137
冷蔵 5日

たっぷり水菜とナッツの春雨サラダ
▶ P.138
冷蔵 5日

高野豆腐とひじきのツナサラダ
▶ P.138
冷蔵 5日　冷凍 1か月

メインおかず

やわらかジンジャーチキン
▶ P.135
冷蔵 5日　冷凍 1か月

手羽元と大根の煮込み
▶ P.136
冷蔵 5日　冷凍 1か月

豚こまともやしのピリ辛みそスープ
▶ P.137
冷蔵 4日　冷凍 1か月

食材リスト

肉

鶏胸肉…2枚（約600g）
鶏手羽元（または手羽先）…8本（約600g）
豚こま切れ肉…200g

野菜

大根…10cm
もやし…2袋
長ねぎ…1本
春菊…2束（400g）
水菜…½束（100g）
にんじん…½本
しょうが…大1〜2かけ（50〜60g）

その他

ミックスナッツ（無塩）…30g
春雨…50g
高野豆腐…4個
ひじき（乾燥）…20g
ツナ缶（油漬けまたはノンオイル）…小2缶（70g×2）
すりごま（白）…大さじ4
いりごま（白）…大さじ2

やわらかジンジャーチキン

しょうがの風味がピリリと効いた、少し甘めのソースが絶品。体の中からじんわり温まるので、風邪予防にうってつけの一品です

冷蔵 5日

冷凍 1か月

材料（4人分）

鶏胸肉…2枚（約600g）
片栗粉…大さじ2
サラダ油…小さじ2

A
しょうが（皮ごとすりおろす）…大1～2かけ（50～60g）
しょうゆ…大さじ3
砂糖…大さじ1 1/3
みりん…大さじ1

つくり方

1 鶏肉はひと口大のそぎ切りにし、片栗粉をまぶす。

2 フライパンにサラダ油をひき、**1**を広げ入れ、フタをして弱火にかける。焼き色がついたら上下を返し、両面をこんがり焼く。

3 **2**に合わせた**A**を加え、味をからめる。

Memo

●しょうがが味の決め手なので、チューブではなく、ぜひすりおろして使いましょう。皮ごとすりおろした方が風味が引き立ちます

2月 3週目

手羽元と大根の煮込み

甘味が増した大根を、体温め食材の鶏肉と一緒に甘辛く煮込みました。骨つき肉を使うとだしいらずで、濃厚なうま味が楽しめます

冷蔵 5日　冷凍 1か月

材料（4人分）

鶏手羽元（または手羽先）…8本（約600g）

大根…10cm

サラダ油…大さじ1

A 酒、酢…各大さじ3
　砂糖…大さじ2

B しょうゆ、みりん…各大さじ3

つくり方

1 大根は皮つきのまま1cm厚さのいちょう切りにする。

2 フライパンまたは鍋にサラダ油を中火で熱し、手羽元、**1**を入れる。大根が少し透きとおり、肉の色が変わったらざっと混ぜる。

3 **2**に合わせた**A**を加え、フタをする。煮立ったら弱火にし、大根がやわらかくなるまで10～15分煮る。**B**を加えて全体を混ぜ、強めの中火でさらに1～2分煮て照りを出す。

Memo

●手羽元と大根は最初にざっと炒めることで、鶏肉のうま味をとじ込めるとともに、香ばしさを引き出します。大根にもうま味がしみて絶品です

●ゆで卵を一緒に煮込んでも。つくり方**3**で、**B**のしょうゆ、みりんを加えたあとに入れて煮てください

豚こまともやしのピリ辛みそスープ

身近な材料であっという間につくれて、みそとごまのコクもたっぷり。一味唐辛子を効かせると、体もポカポカになります

材料（4人分）
豚こま切れ肉…200g
もやし…2袋
長ねぎ…1本
ごま油…大さじ1
A
水…4カップ
すりごま（白）…大さじ4
みそ…大さじ2
顆粒鶏ガラスープ…大さじ1
にんにくのすりおろし（チューブ）…小さじ1
一味唐辛子…小さじ¼

つくり方
1 長ねぎは斜め薄切りにする。
2 フライパンまたは鍋にごま油をひき、豚肉を広げ入れ、中火にかける。焼き色がついたら上下を返し、火を止めて1、もやし、Aを加える。フタをして強火にかけ、煮立ったら底から混ぜ、さらに混ぜながら弱火で1分ほど煮る。

Memo
●もやしは水からゆでることで、シャキシャキの歯ざわりに仕上がります
●春雨や中華麺を入れて食べても◎

春菊のおひたし

独特のほろ苦い香りをもつ春菊は、おひたしにすると絶品です。だしじょうゆにひたして保存することで、より味もなじみます

材料（3～4人分）
春菊…2束（400g）
A
だし汁…1カップ（または水1カップ＋顆粒和風だし小さじ½）
薄口しょうゆ（またはしょうゆ）、みりん…各大さじ2
練り辛子、練りわさび、ゆずこしょう（各好みで）…各適量

つくり方
1 春菊は長さを半分に切る。
2 鍋にたっぷりの湯を沸かし、塩大さじ1（分量外）を加えて1を茎、葉の順に入れる。再沸騰したらザルに上げ、水に取って水気をしっかり絞り、3～4cm長さに切る。
3 鍋にAを合わせて中火にかけ、ひと煮立ちさせる。火を止めて冷まし、好みで練り辛子、練りわさび、ゆずこしょうを加えてよく溶かし、2にかける。

Memo
●辛子やわさびなどを加えるときは、だしじょうゆを完全に冷ましてください。熱いうちに加えると香りが飛んでしまいます

たっぷり水菜とナッツの春雨サラダ

ごま油風味の中華風サラダ。一見、意外な組み合わせですが、この味つけでおいしくまとまります。水菜とナッツの食感が楽しい♪

材料（4人分）

水菜…1/2束（100g）
ミックスナッツ（無塩）…30g
春雨…50g
にんじん…1/2本
塩…小さじ1/4

A
しょうゆ、酢…各大さじ2
砂糖、ごま油…各大さじ1
こしょう…小さじ1/4

つくり方

1 水菜は3cm長さに切る。ミックスナッツは粗く砕き、フライパンでから炒りする。春雨は熱湯でかためにゆでて戻し、水洗いして水気をきる。にんじんは皮つきのままスライサーなどで千切りにし、塩をふり混ぜる。

2 ボウルに**A**を混ぜ合わせ、**1**のにんじん、春雨の水気を絞って加える。**1**の水菜、ナッツも加えてあえる。

冷蔵 5日

Memo
●水菜は3cm長さに切ったあと、たっぷりの水に放つと、シャキシャキ感を保ったまま、青臭さが取り除けます

高野豆腐とひじきのツナサラダ

ヘルシー食材の乾物コンビをサラダ仕立てに仕上げました。濃厚なツナマヨドレッシングで、ペロッと食べられます

材料（4人分）

高野豆腐…4個
ひじき（乾燥）…20g
ツナ缶（油漬けまたはノンオイル）…小2缶（70g×2）
マヨネーズ…大さじ3
いりごま（白）…大さじ2

A
しょうゆ、ごま油…各大さじ1
こしょう…小さじ1/2

つくり方

1 高野豆腐は表示どおりに戻し、水気を絞って1・5cm角に切る。熱湯でさっとゆで、水に取って水気をきる。フライパンまたは鍋にひじきを入れ、かぶるくらいの水を注ぎ、フタをして中火にかける。沸騰したら火を止めて5分ほどおき、水気をきる。

2 ボウルに**A**を混ぜ合わせ、ツナを缶汁ごと加える。**1**の高野豆腐の水気を絞って加え、**1**のひじきも加えてあえる。

冷蔵 5日　冷凍 1か月

Memo
●高野豆腐はあらかじめカットされているものがあれば、そちらを使いましょう。サイコロサイズなら70gが目安です

2月

4週目

おしながき

今週は、お肉ががっつり食べられるつくりおきおかずです。和洋中と味に変化をつけたので、その日の気分でチョイスして楽しめます。副菜は、1素材でつくれる簡単レシピです

メインおかず

ミートボールのトマト煮込み
▶ P.140
冷蔵5日 冷凍1か月

鶏胸肉とえのきのとろみ炒め
▶ P.141
冷蔵5日 冷凍1か月

豚こまと大根のオイスターソース炒め煮
▶ P.142
冷蔵5日 冷凍1か月

サブおかず

ブロッコリーの焼きのりあえ
▶ P.142
冷蔵5日 冷凍1か月

小松菜のおかかマヨあえ
▶ P.143
冷蔵4日 冷凍1か月

とろとろ焼き長ねぎのマリネ
▶ P.143
冷蔵5日 冷凍1か月

食材リスト

肉

合いびき肉…400g
鶏胸肉…2枚（約600g）
豚こま切れ肉…300g

野菜

玉ねぎ…½個
えのきだけ…大2袋
大根…½本
ブロッコリー…1株
小松菜…2束（400g）
長ねぎ…2本
にんにく…2かけ
パセリ（またはイタリアンパセリ・みじん切り）…大さじ3

その他

卵…1個
松の実（好みで）…20g
トマト缶（ホール状）…1缶（400g）
焼きのり（全形）…2枚
かつお節…小2パック（5〜6g）
白ワイン（または酒）…½カップ
粉チーズ…大さじ4
すりごま（白）…大さじ2

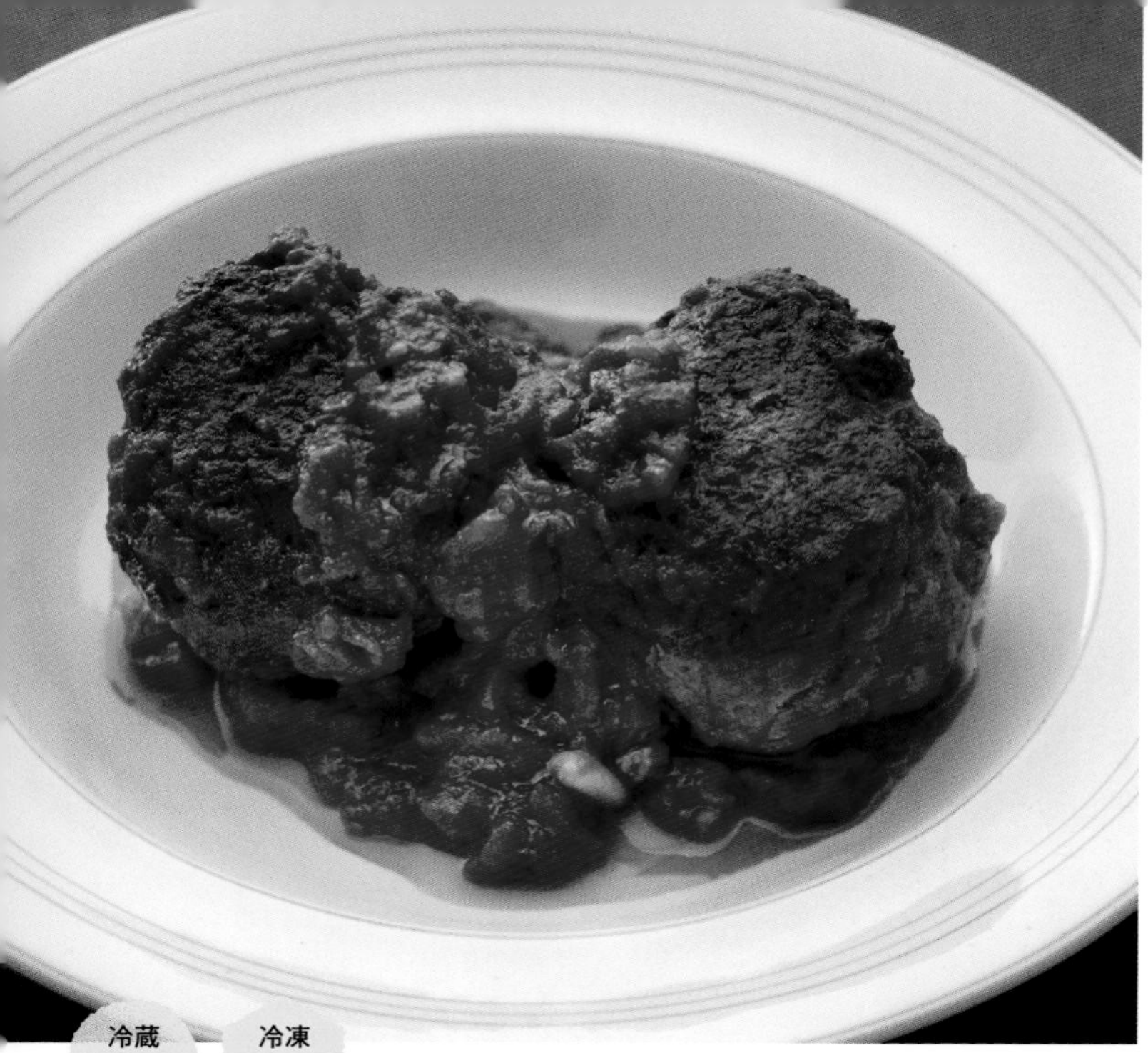

2月 4週目

ミートボールのトマト煮込み

肉だねを揚げ焼きにし、トマト味に仕上げたナポリ風ミートボール。大きく丸めるので食べごたえがあり、大満足のボリュームです

冷蔵 5日
冷凍 1か月

材料（4人分）

合いびき肉…400g
にんにく…2かけ

A
塩…小さじ½
こしょう…小さじ¼

B
玉ねぎ（みじん切り）…½個
卵…1個
松の実（好みで）…20g
パン粉、粉チーズ…各大さじ4
パセリ（またはイタリアンパセリ・みじん切り）…大さじ3

揚げ油…適量
オリーブオイル…大さじ2
トマト缶（ホール状）…1缶（400g）

C
白ワイン（または酒）…½カップ
こしょう…小さじ¼
塩…少し

つくり方

1 にんにくはつぶす。

2 ボウルにひき肉、**A**を入れて粘り気が出るまで混ぜ、**B**を加えてよく混ぜる。8等分して丸める。

3 フライパンに揚げ油を深さ1cmほど注いで中火で熱し、**2**を入れて両面こんがりと揚げ焼きにし、取り出す。

4 **3**のフライパンをきれいにし、オリーブオイル、**1**のにんにくを入れて弱火にかける。香りが立ったらトマトをつぶして缶汁ごと加え、中火で2〜3分煮る。**3**、**C**を加え、再び煮立ったらアクを除き、フタをして弱火で15〜20分煮る。フタを取ってざっと混ぜる。

Memo
●ご飯にも合いますが、カリッと焼いたバゲットやゆでたスパゲティと合わせたり、ワインと一緒にいただくのもおすすめです
●耐熱容器に入れ、ピザ用チーズを混ぜ込み、さらに粉チーズをかけ、オーブントースターで焼いてもおいしいです

鶏胸肉とえのきのとろみ炒め

食物繊維が豊富なえのきをたっぷり使った、ヘルシーな一品です。
えのきのうま味ととろみが胸肉にからみ、つくりおいてもパサつきません

冷蔵 5日

冷凍 1か月

材料（4人分）

鶏胸肉…2枚（約600g）
えのきだけ…大2袋
片栗粉…大さじ2
サラダ油…小さじ2

A
だし汁…½カップ
（または水½カップ＋顆粒和風だし小さじ¼）
しょうゆ、みりん…各大さじ2
片栗粉…小さじ2

つくり方

1 鶏肉はひと口大のそぎ切りにし、片栗粉をまぶす。えのきは根元を切り落として長さを3～4等分に切る。

2 フライパンにサラダ油をひき、**1**の鶏肉を広げ入れ、フタをして弱火にかける。焼き色がついたら上下を返し、両面をこんがり焼く。**1**のえのきを加えてざっと混ぜる。

3 **2**に合わせた**A**を加え、再びフタをして2～3分煮る。フタを取ってひと混ぜし、味をからめる。

Memo
●にんにくやしょうがのすりおろし、一味唐辛子、赤唐辛子などを一緒に加えてつくっても
●ご飯にかけたり、にゅうめんやうどん、そばなどの温かい汁麺にたっぷりのせて食べてもおいしいです

豚こまと大根のオイスターソース炒め煮

ご飯がすすむ中華風の味つけ。豚肉がメインのおかずですが、味しみの大根がたまらないおいしさで、主役級の存在感です

材料（4人分）
豚こま切れ肉…300g
大根…1/2本
片栗粉…大さじ3
ごま油…小さじ2
A
オイスターソース、しょうゆ、酒…各大さじ2
しょうがのすりおろし（チューブ）…大さじ1

つくり方
1 豚肉は片栗粉をまぶす。大根は皮つきのまま7㎜厚さのいちょう切りにする。
2 フライパンにごま油をひき、1の豚肉を広げ入れ、弱めの中火にかける。焼き色がついたら上下を返し、1の大根を加えてざっと混ぜる。
3 2に合わせたAを加え、フタをして中火で5～6分煮る。フタを取り、全体を底から混ぜて味をからめる。

冷蔵 5日　冷凍 1か月

Memo
●大根は扱いやすい長さに切ってから縦4つに切り、端から7㎜幅に切っていくと、いちょう切りになります

ブロッコリーの焼きのりあえ

磯の香りがふわ～り。少ない水分で蒸しゆでにするとブロッコリーそのものの、うま味や甘味が引き出せます

冷蔵 5日　冷凍 1か月

材料（4人分）
ブロッコリー…1株
焼きのり（全形）…2枚
ごま油…大さじ1

つくり方
1 ブロッコリーは小房に分け、茎はかたい皮を除いて斜め薄切りにする。焼きのりはひと口大にちぎる。
2 フライパンに1のブロッコリーを入れ、水大さじ4、塩小さじ1/2（各分量外）をふり混ぜ、フタをして強めの中火にかける。沸騰したら1分ほど蒸しゆでにし、フタを取ってざっと混ぜ、水分を飛ばす。火を止めてごま油、1の焼きのりを加え混ぜる。

Memo
●房は包丁で切るとモロモロになってしまいます。茎の方から切り目を入れて手で裂きましょう

小松菜のおかかマヨあえ

たっぷりとすりごまを加えたマイルドな味わい。
甘味を少しだけ足すことで、バランスよくまとまります

材料（4人分）

小松菜…2束（400g）

A
マヨネーズ、すりごま（白）
…各大さじ2
しょうゆ…小さじ2
砂糖…小さじ1

かつお節…小2パック（5～6g）

つくり方

1 小松菜は4～5cm長さに切る。

2 鍋にたっぷりの湯を沸かし、1を茎、葉の順に入れる。再沸騰したらザルに上げ、水に取って水気をしっかり絞る。

3 ボウルにAを混ぜ合わせ、2、かつお節を加えてあえる。

冷蔵 4日　冷凍 1か月

Memo
●ゆでたにんじんの千切りやゆで卵、ハムなどを加えても。味が薄いようならしょうゆを加えて調整してください

とろとろ焼き長ねぎのマリネ

長ねぎは焼いてマリネにすると、甘味も香りも格段にアップ。
そのままはもちろん、刻んで薬味としても使えます

材料（4人分）

長ねぎ…2本

オリーブオイル…小さじ2

A
オリーブオイル、レモン汁、めんつゆ（3倍濃縮）
…各大さじ2
砂糖、粗びきこしょう（黒）
…各小さじ½

つくり方

1 長ねぎは斜めに1cm間隔の切り込みを入れ、4～5cm長さのぶつ切りにする。

2 フライパンにオリーブオイルをひき、1を広げ入れ、フタをして弱めの中火にかける。軽く焼き色がついたら上下を返し、さらに2～3分蒸し焼きにする。

3 ボウルにAを混ぜ合わせ、2を加えて漬け込む。

冷蔵 5日　冷凍 1か月

Memo
●長ねぎに、斜めに浅く切り込みを入れておくと、マリネ液がよりしっかりとしみ込みます

Column

スガさんの愛用ふりかけ

捨てがちな大根やかぶの葉、だしがら（P.82参照）でつくる
栄養たっぷりの絶品ふりかけをご紹介。
粗熱が取れたら保存容器に入れ、冷蔵保存しておきましょう

大根の葉・かぶの葉のふりかけ

刻んでさっと炒めるだけで、優秀な常備菜のふりかけが完成。混ぜご飯やおにぎりはもちろん、パスタや納豆に混ぜても◎です

冷蔵 1週間

材料（つくりやすい分量）

大根の葉…1本分
（またはかぶの葉…4～6個分）
だしがら（昆布、かつお節、煮干しなど）…100～120g（だし汁1ℓ分）
酒…大さじ1
A 砂糖、しょうゆ、みりん…各大さじ1
いりごま（白）…小さじ1～2

つくり方

1 大根の葉は細かく刻む。だしがらはフードプロセッサーで細かくする。

2 フライパンに**1**の大根の葉と酒を入れ、フタをして強めの中火にかける。蒸気が上がったらフタを取り、混ぜながら中火で1分ほど水気を飛ばす。**1**のだしがら、**A**を加えて炒りつけ、ごまを加え混ぜる。

だしがらふりかけ

だしをとったあとの昆布やかつお節、煮干しは栄養の宝庫。ちりめんじゃこや青のり、桜えびなどをプラスしてもおいしいです

材料（つくりやすい分量）

だしがら
（昆布、かつお節、煮干しなど）
…100～120g
（だし汁1ℓ分）
A しょうゆ、酒、みりん…各大さじ1
オイスターソース（あれば）…小さじ½
いりごま（白）…大さじ1

冷蔵 1週間

つくり方

1 だしがらはフードプロセッサーで細かくする。

2 フライパンに**1**を広げ入れて弱火にかけ、2～3分炒る。水分が飛んでパラッとしてきたら**A**を加え、混ぜながら1～2分炒りつけ、ごまを加え混ぜる。

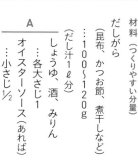

Spring

春

玉ねぎやじゃがいもなど、年中手に入る野菜も
春だけは〝新〟がついて別格です。
この時季にしか味わえない春野菜をふんだんに
取り入れて、旬の味覚を食べ尽くします

3月 1週目

おしながき

年度末を迎えて大忙し。体調管理に気を使うこんなときこそ、栄養満点のひじきたっぷり炒り高野の出番。あとは、便利に使えるおかずの素などをつくり、平日ラクを目指します

サブおかず

ひじきたっぷり炒り高野
▶ P.149
冷蔵 5日

もやしとわかめのナムル
▶ P.150
冷蔵 5日

アスパラの梅おかかあえ
▶ P.150
冷蔵 5日

メインおかず

豚肉のしょうがそぼろ
▶ P.147
冷蔵 5日　冷凍 1か月

豚こまとキャベツのホイコーロー風
▶ P.148
冷蔵 5日　冷凍 1か月

鶏胸肉のひと口ごま照り焼き
▶ P.148
冷蔵 5日　冷凍 1か月

食材リスト

肉

豚ひき肉…400g
豚こま切れ肉…400g
鶏胸肉
…2枚（約600g）

野菜

新キャベツ
（またはキャベツ）…½個
にんじん…小1本
もやし…2袋
グリーンアスパラ
…2束（200g）
しょうが…3かけ（100g）

その他

ひじき（乾燥）…12g
高野豆腐…1個
こんにゃく…1枚
かつお節…小1パック（2〜3g）
わかめ（乾燥）…大さじ4
いりごま（白）…大さじ5
梅肉…大さじ½（梅干し大1個分）

豚肉のしょうがそぼろ

あると便利に使い回せる、おかずの素。下ゆでしてからつくるとすっきりとした味に仕上がり、冷蔵庫で保存しても固まりません

冷蔵 5日　冷凍 1か月

材料（4人分）
豚ひき肉…400g
しょうが
…3かけ（100g）
A
しょうゆ、酒
…各¼カップ
みりん
…大さじ1⅓
砂糖…大さじ1

つくり方
1 しょうがは皮ごと千切りにし、水にさらして水気をきる。
2 フライパンに湯を沸かし、ひき肉を入れ、ほぐしながら中火でゆでる。再沸騰したらザルに上げる。
3 2のフライパンをふいて合わせたA、1、2を入れて混ぜ、フタをして中火にかける。煮立ったら5～6分煮、フタを取ってほぐしながら炒りつけ、汁気を飛ばす。

Arrange
そぼろとチンゲン菜のパスタ

材料（1人分）
豚肉のしょうがそぼろ
…¼量
チンゲン菜…1株
スパゲティ…100g
オリーブオイル…大さじ1

つくり方
1 チンゲン菜はざく切りにする。
2 スパゲティは塩適量（分量外）を加えた熱湯で表示どおりにゆでる。ゆで上がりの1分前になったら、1を茎、葉の順に入れ、一緒にゆで上げる。
3 フライパンにオリーブオイルを中火で熱し、水気をきった2を入れ、豚肉のしょうがそぼろを加えてさっと炒め合わせる。

豚こまとキャベツのホイコーロー風

定番の中華おかずを、手軽な調味料で簡単アレンジ。甘辛みそがとろっとからみ、ご飯によく合います

材料（4人分）

豚こま切れ肉…300g
新キャベツ（またはキャベツ）…1/2個
片栗粉…大さじ3
サラダ油…小さじ2
酒…大さじ3

A
みそ、みりん…各大さじ2
しょうゆ…大さじ1 1/3
にんにくのすりおろし（チューブ）…小さじ1
一味唐辛子（好みで）…小さじ1/4

つくり方

1 豚肉は片栗粉をまぶす。キャベツはひと口大のざく切りにする。
2 フライパンにサラダ油をひき、1の豚肉を広げ入れ、弱めの中火にかける。焼き色がついたら上下を返し、1のキャベツを加える。酒をふり、フタをしてキャベツがしんなりするまで4〜5分蒸し焼きにし、ざっと混ぜる。
3 2に合わせたAを加え、味をからめる。

冷蔵 5日　冷凍 1か月

Memo
●キャベツの代わりに長ねぎやピーマン、白菜、チンゲン菜を使っても
●焼きそばの具としても活用できます

鶏胸肉のひと口ごま照り焼き

ごまたっぷりの濃厚だれが、食欲をそそる一品です。胸肉は細切りにすると短時間で仕上がり、ふっくらやわらか！

材料（4人分）

鶏胸肉…2枚（約600g）
片栗粉…大さじ4
サラダ油…大さじ2

A
いりごま（白）…大さじ4
しょうゆ…大さじ3
砂糖…大さじ1 1/3
みりん…大さじ1
にんにくのすりおろし（チューブ）、こしょう…各小さじ1

つくり方

1 鶏肉はひと口大のそぎ切りにし、1.5cm幅に切って片栗粉をまぶす。
2 フライパンにサラダ油をひき、1を広げ入れ、フタをして弱火にかける。焼き色がついたら上下を返し、両面をこんがり焼く。
3 2に合わせたAを加え、味をからめる。

冷蔵 5日　冷凍 1か月

Memo
●鶏胸肉を刺身のように切ってから細切りにするイメージ。肉の繊維をできるだけ断ち切ることでやわらかく仕上げます

ひじきたっぷり炒り高野

一品で栄養満点。ミネラルや食物繊維がたっぷりとれて、体も喜ぶおいしさです。そのままはもちろん、ご飯と合わせて混ぜご飯やおにぎりにしても◎

冷蔵
5日

Memo

●つくりおきは、水分が多いほど傷みやすくなります。汁気がほとんどなくなるまでしっかり炒り煮にしましょう

●豆腐とあえれば速攻で白あえが完成します。豆腐½丁につき、ひじきたっぷり炒り高野大さじ4が目安です

材料（4人分）

豚こま切れ肉…100g
ひじき（乾燥）…12g
高野豆腐…1個
にんじん…小1本
こんにゃく…1枚

A
だし汁…¾カップ
（または水¾カップ＋顆粒和風だし小さじ½）
しょうゆ…大さじ1½
みりん…大さじ½
砂糖…小さじ2

つくり方

1 豚肉は1～2㎝幅に切る。ひじきはたっぷりの水に10～15分つけて戻し、水気をきる。高野豆腐は表示どおりに戻し、水気を絞って1㎝角に切る。にんじん、こんにゃくは1㎝角に切る。

2 フライパンに**1**のこんにゃくを入れ、中火にかけてから炒りする。水分が飛んだら**1**の豚肉を加えて炒める。肉の色が変わったら**1**のひじき、高野豆腐、にんじんを加えてざっと炒め合わせる。

3 **2**に**A**を加え、煮立ったらときどき混ぜながら、汁気が少なくなるまで炒りつける。

もやしとわかめのナムル

もやしとわかめの食感が楽しい、包丁いらずの簡単ナムル。
ごま油の香りがふわっと漂い、コクも満点です

冷蔵 5日

材料（4人分）

もやし…2袋
わかめ（乾燥）…大さじ4

A
ごま油…大さじ2
顆粒鶏ガラスープ…大さじ1
塩…小さじ½

いりごま（白）…大さじ1

つくり方

1 フライパンにもやしを入れ、水1カップ（分量外）を加え、フタをして強火にかける。沸騰したら火を止めてザルに上げ、水気をよくきる。わかめはたっぷりの水に5分ほどつけて戻し、水気をきる。

2 ボウルに**A**を混ぜ合わせ、**1**を加えてあえ、ごまを加え混ぜる。

Memo
●もやしは水からゆで、余熱で火をとおすと、シャキシャキ感が長もちします
●ラーメンにたっぷりのせて食べても

アスパラの梅おかかあえ

ゆで方の工夫で、アスパラの栄養を逃さずゲット！
梅の酸味とおかかのうま味で、さっぱりいただけます

冷蔵 5日

材料（4人分）

グリーンアスパラ…2束（200g）
かつお節…小1パック（2～3g）

A
梅肉…大さじ½（梅干し大1個分）

つくり方

1 アスパラは根元のかたい部分を手でポキッと折り、根元側4～5㎝の皮をピーラーで薄くむく。折った根元とむいた皮はとっておく。

2 鍋にたっぷりの湯を沸かして塩小さじ2（分量外）を加え、**1**を根元と皮ごと加え、1分20秒～2分ゆでる。水に取って根元と皮を取り除き、水気をふいて食べやすく切る。

3 ボウルに**A**を混ぜ合わせ、**2**を加えてあえる。

Memo
●ゆでる際は根元と皮を入れると、ゆで汁の濃度が上がってアスパラの成分が逃げにくくなります。最後に取り除いて

3月 2週目

おしながき

春先に出回る新ものの野菜が安く手に入るようになったら、今週はそれらを使って旬の走りを楽しみます。シチューを煮込む間にほかのおかずを仕上げ、効率よくつくります

サブおかず

ブロッコリーとゆで卵のマスタードマヨサラダ
▶ P.154
冷蔵 5日

じゃがいもの甘辛照り煮
▶ P.155
冷蔵 5日

セロリのきんぴら
▶ P.155
冷蔵 5日　冷凍 1か月

メインおかず

玉ねぎたっぷり豚こましょうが焼き
▶ P.152
冷蔵 5日　冷凍 1か月

キャベツたっぷりチキントマトシチュー
▶ P.153
冷蔵 5日　冷凍 1か月

鶏胸肉のレモンソース炒め
▶ P.153
冷蔵 5日　冷凍 1か月

食材リスト

肉

豚こま切れ肉…400g
鶏もも肉…大1枚（350g）
鶏胸肉…2枚（約600g）

野菜

新玉ねぎ（または玉ねぎ）…3個
新キャベツ（またはキャベツ）…1/2個
ブロッコリー…1株
新じゃがいも（またはじゃがいも）…中3〜6個（400〜500g）
セロリ…2本（約300g）
にんにく…3〜4かけ

その他

トマト缶（ホール状）…1缶（400g）
卵…2個
白ワイン…1/2カップ

玉ねぎたっぷり豚こましょうが焼き

新玉ねぎが主役の、春のしょうが焼きです。火がとおった新玉ねぎはとろけるような甘さで、豚肉とのからみもバッチリ。ザ・ご飯のおかずです

冷蔵 5日
冷凍 1か月

材料（4人分）
豚こま切れ肉…400g
新玉ねぎ（または玉ねぎ）…2個
片栗粉…大さじ4
サラダ油…小さじ2
A
しょうゆ…大さじ4
酒、みりん…各大さじ1⅓
しょうがのすりおろし（チューブ）…大さじ1

つくり方
1 豚肉は片栗粉をまぶす。玉ねぎは半分に切り、繊維に沿って5㎜幅に切る。
2 フライパンにサラダ油をひき、1の豚肉を広げ入れ、弱めの中火にかける。7～8分して焼き色がついたら上下を返し、1の玉ねぎを加えてざっと混ぜる。
3 2に合わせたAを加え、フタをして10～12分蒸し煮にする。途中、一度混ぜる。フタを取り、全体を混ぜながら汁気を飛ばす。

Memo

●片栗粉をまぶすことで豚こまにボリュームをもたせ、うま味を閉じ込めます。また、冷めてもやわらかさがキープできます

キャベツたっぷりチキントマトシチュー

新キャベツはくったり煮込むと甘味が増して秀逸。栄養たっぷりでヘルシーな、ノンオイルシチューです

材料（4人分）

鶏もも肉…大1枚（350g）
新キャベツ（またはキャベツ）…½個
新玉ねぎ（または玉ねぎ）…1個
にんにく…2〜3かけ
トマト缶（ホール状）…1缶（400g）
固形スープ…1個（または顆粒鶏ガラスープ…小さじ2）

A
ローリエ…1〜2枚
白ワイン（または酒）…½カップ
砂糖…小さじ½

B
粗びきこしょう（黒）…小さじ¼
塩…少し

つくり方

1 鶏肉はひと口大に切る。キャベツはひと口大のざく切り、玉ねぎは縦4つ割りにして横3〜4等分に切る。にんにくは薄切りにする。

2 鍋にトマトを手でつぶしながら缶汁ごと入れ、A、1の鶏肉、玉ねぎ、にんにくを加えてざっくりと混ぜる。1のキャベツを加えて中火にかけ、煮立ったらフタをして弱火で1時間〜1時間30分煮、Bで味をととのえる。

冷蔵 5日　冷凍 1か月

Memo
●パスタソースとして活用したり、ご飯と一緒にさっと煮れば、簡単リゾットにもアレンジできます

鶏胸肉のレモンソース炒め

レモン風味のさっぱりソースで鶏胸肉をいただきます。冷めてもおいしいので、お弁当のおかずにもどうぞ

材料（4人分）

鶏胸肉…2枚（約600g）
片栗粉…大さじ2
サラダ油…小さじ2

A
レモン汁、酒…各大さじ2
砂糖…大さじ1
にんにくのすりおろし（チューブ）…小さじ1
塩…小さじ⅔
粗びきこしょう（黒）…小さじ½

つくり方

1 鶏肉はひと口大のそぎ切りにし、片栗粉をまぶす。

2 フライパンにサラダ油をひき、1を広げ入れ、フタをして弱火にかける。焼き色がついたら上下を返し、両面をこんがり焼く。

3 2に合わせたAを加え、味をからめる。

冷蔵 5日　冷凍 1か月

Memo
●鶏肉を焼く際は、できるだけ放置しましょう。むやみにいじると火のとおりが悪くなり、片栗粉もはがれてしまいます

ブロッコリーとゆで卵のマスタードマヨサラダ

お花畑みたいな優しい春色がきれいで、栄養もボリュームも満点。
ブロッコリー嫌いだったうちの子どもたちがとりこになった、伝説のサラダです

冷蔵 5日

材料（4人分）
ブロッコリー…1株
ゆで卵…2個
にんにく…1かけ
A
マヨネーズ…大さじ2
粒マスタード…小さじ2
粗びきこしょう（黒）…小さじ1/4

つくり方

1 ブロッコリーは小房に分け、茎はかたい皮を除いて斜め薄切りにする。にんにくは薄切りにする。

2 フライパンに**1**を入れ、水大さじ4、塩小さじ1/2（各分量外）をふり混ぜる。フタをして強めの中火にかけ、蒸気が上がったら1分ほどゆでる。ザルに上げて粗熱を取る。

3 ボウルにゆで卵を入れて粗くつぶし、**2**を加えて混ぜ合わせ、**A**を加えてあえる。

Memo
●先にゆで卵と調味料を混ぜてからブロッコリーとあえると、まんべんなく味とコクがブロッコリーに行き渡ります
●コーンやハム、アボカド、きゅうり、ミックスビーンズ、ナッツ類、チーズなどを一緒に加えてつくってもおいしいです

じゃがいもの甘辛照り煮

煮っころがし風の素朴なおかず。新じゃがなら皮をむく手間なし！この時季ならではのみずみずしいおいしさが味わえます

材料（4人分）

新じゃがいも（またはじゃがいも）…中3〜6個（400〜500g）

A
だし汁…2カップ（または水2カップ＋顆粒和風だし小さじ1）
しょうゆ、酒、みりん…各大さじ2

つくり方

1 じゃがいもは皮つきのまま4等分に切る。

2 フライパンに1、Aを入れ、フタをして強めの中火にかける。煮立ったら中火で8〜9分煮、フタを取ってさらに5〜6分煮る。

冷蔵 5日

Memo
●緑色の部分や芽は必ず除きましょう
●温め直す際はバターをのせて、くずしながら食べてもおいしいです

セロリのきんぴら

セロリの葉まで使った、さわやかな風味が楽しめる一品です。甘辛の味つけが意外にもマッチして、やみつきに！

材料（4人分）

セロリ…2本（約300g）
ごま油…大さじ1
赤唐辛子…（輪切り・好みで）…小さじ1（1本分）

A
しょうゆ…大さじ2
みりん…大さじ1

つくり方

1 セロリは4〜5㎜幅の斜め切りにし、葉はざく切りにする。

2 フライパンにごま油、1、赤唐辛子を入れて混ぜ、フタをして弱めの中火にかける。蒸気が上がったらざっと混ぜ、合わせたAで調味する。

冷蔵 5日　冷凍 1か月

Memo
●マヨネーズとあえてサラダ仕立てにしても。セロリのきんぴら1カップにつき、マヨネーズ大さじ1〜2が目安です

3週目

おしながき

主菜は洋風と中華風のおかずと、もう一品はシンプルなゆで鶏に。とりあえず仕込んでおけば、平日の負担がグンと軽くなります。副菜は食物繊維たっぷりのヘルシーおかずです

メインおかず

鶏もも肉とじゃがいものバジル焼き
▶ P.157
冷蔵 5日　冷凍 1か月

ゆで鶏
▶ P.158
冷蔵 5日　冷凍 1か月

キャベツの甘辛ひき肉蒸し
▶ P.159
冷蔵 5日　冷凍 1か月

サブおかず

切り干し大根の赤じそマリネ
▶ P.159
冷蔵 5日　冷凍 1か月

たっぷりコーンとおからのツナサラダ
▶ P.160
冷蔵 5日　冷凍 1か月

セロリとツナの粒マスタードあえ
▶ P.160
冷蔵 5日　冷凍 1か月

食材リスト

肉

鶏もも肉
　…2枚（約600g）
鶏胸肉
　…2枚（約600g）
豚ひき肉…300g

野菜

新じゃがいも
　（またはじゃがいも）
　…中3〜4個（400g）
新キャベツ
　（またはキャベツ）…½個
長ねぎの青い部分…1本分
セロリ…2〜3本
しょうが…1かけ

その他

切り干し大根…80g
おからパウダー…40g
コーン缶（ホール状）…1缶（200g）
ツナ缶（油漬けまたはノンオイル）
　…小2缶（70g×2）
かつお節…小2パック（5〜6g）
バジル（乾燥）…小さじ2
赤じそふりかけ…小さじ2

鶏もも肉とじゃがいものバジル焼き

バジルの香りとにんにくの風味、たっぷりの黒こしょうを効かせたスパイシー&ジューシーな大人向けの一品です。ワインのお供にも！

冷蔵 5日　冷凍 1か月

材料（4人分）

鶏もも肉…2枚（約600g）
新じゃがいも（またはじゃがいも）…中3～4個（400g）
片栗粉…大さじ2
オリーブオイル…小さじ2

A
酒…大さじ1
バジル（乾燥）…小さじ2
にんにくのすりおろし（チューブ）、粗びきこしょう（黒）…各小さじ1
塩…小さじ⅔

つくり方

1 鶏肉はひと口大に切り、片栗粉をまぶす。じゃがいもは皮つきのまま7㎜厚さのいちょう切りにする。

2 フライパンにオリーブオイルをひき、**1**の鶏肉を皮目を下にして並べ入れ、弱めの中火にかける。焼き色がついたら上下を返し、**1**のじゃがいもを加えてざっと混ぜる。フタをしてさらに6～7分焼く。

3 **2**に合わせた**A**を加え、味をからめる。

Memo

●調味料は合わせておきます。乾燥バジルが手軽でつくりおき向けですが、なくてもおいしくできますし、乾燥パセリに差し替えても

ゆで鶏

ゆで鶏はつくっておくと、サラダに、あえ物に、鶏飯にとアレンジ自在。うま味満点のゆで汁もスープなどに活用できるので、忙しい日も大助かりです

冷蔵 5日
冷凍 1か月

材料（つくりやすい分量）
鶏胸肉…2枚（約600g）
塩…小さじ½
砂糖…小さじ1
A
長ねぎの青い部分…1本分
しょうが（皮ごと薄切り）…1かけ
赤唐辛子…1本
酒…½カップ

つくり方
1 鶏肉は塩、砂糖をまぶして10分ほどおき、水気をふく。お茶パックにAを入れる。
2 フライパンまたは鍋に1、酒を入れ、かぶるくらいの水を注いで中火にかける。煮立ったら少しずらしてフタをし、弱めの中火で5分ほどゆでる。肉の上下を返し、同様にしてさらに4分ほどゆでる。火を止めて、そのままゆで汁につけて冷ます。

Arrange
バンバンジー

材料（1人分）
ゆで鶏…½枚
トマト…½個
きゅうり…1本
A
芝麻醤（または練りごま〈白〉）…大さじ1
しょうゆ、ラー油、ごま油…各大さじ½

つくり方
1 ゆで鶏は食べやすく裂く。トマトはヘタを除いて薄めのくし形に切る。きゅうりは細切りにする。
2 器に1を盛り、合わせたAをかける。

キャベツの甘辛ひき肉蒸し

ひき肉と一緒にキャベツを蒸し煮にするだけ。
肉のうま味がしみ込んで、キャベツがたっぷり食べられます

材料（4人分）
豚ひき肉…300g
新キャベツ（またはキャベツ）…½個
ごま油…小さじ2
しょうがのすりおろし（チューブ）…大さじ1

A
水…½カップ
酢、顆粒昆布だし（または顆粒和風だし）…各小さじ1

B
しょうゆ…大さじ3
砂糖、みりん…各大さじ1
片栗粉…小さじ2

つくり方
1 キャベツはひと口大のざく切りにする。
2 フライパンにごま油、しょうがを入れて弱火にかける。香りが立ったらひき肉を加えて炒め、肉の色が変わったら1の半量を加えてよく混ぜる。残りの1、Aを加えてフタをする。煮立ったら上下を返し、中火でさらに2〜3分蒸し煮にする。
3 火を止めて合わせたBを加え、全体を混ぜる。再び中火にかけて味をからめる。

冷蔵 5日　冷凍 1か月

Memo
●卵でとじたり、オムレツの具材にしても。卵2個あたりに½〜1カップを混ぜ、フライパンで焼きます

切り干し大根の赤じそマリネ

切り干し大根を、だし汁と赤じそふりかけであえるだけ。
失敗知らずの味つけで、食物繊維がしっかりとれます

材料（4人分）
切り干し大根…80g
だし汁…1½カップ（または水1½カップ＋顆粒和風だし小さじ⅔）
赤じそふりかけ…小さじ2

つくり方
1 切り干し大根はザルに入れて流水で洗い、絞らずにそのままおいておく。
2 ボウルにだし汁、赤じそふりかけを入れてよく混ぜ、1の水気を絞ってよくほぐして加え、しっかり混ぜ合わせる。

冷蔵 5日　冷凍 1か月

Memo
●刻み昆布やきゅうりの薄切り、ちりめんじゃこ、いりごま、わかめなどを追加してもおいしいです

たっぷりコーンとおからのツナサラダ

おからパウダーで手軽につくれる、ポテサラ風のヘルシーサラダ。しっとりとして、ツナ&おかか入りでうま味もたっぷりです

材料（4人分）

コーン缶（ホール状）…1缶（200g）
おからパウダー…40g
水…$2\frac{1}{4}$カップ
かつお節…小2パック（5～6g）
ツナ缶（油漬けまたはノンオイル）…小1缶（70g）
A
マヨネーズ…大さじ2
しょうゆ…小さじ1

つくり方

1 コーンは缶汁をきる。
2 フライパンまたは鍋に**1**、おからパウダー、分量の水、かつお節を入れ、ツナを缶汁ごと加えて全体を混ぜ、強めの中火にかける。ふつふつとしてきたら中火にし、ときどき混ぜながら4～5分煮、もったりとするまで水分を飛ばす。
3 ボウルに**2**を移して冷まし、粗熱が取れたら**A**を加えてあえる。

冷蔵 5日　冷凍 1か月

Memo
●生おからでつくる場合は、200gをフライパンでから炒りしてから加え、水分量は$1\frac{1}{2}$カップに減らしてください

セロリとツナの粒マスタードあえ

セロリは切ってからさっと湯がくことでマイルドな味わいに。食べやすく切ったゆで鶏と一緒にパンにはさんでもおいしいです

材料（4人分）

セロリ…2～3本
ツナ缶（油漬けまたはノンオイル）…小1缶（70g）
A
粒マスタード…小さじ2
砂糖…小さじ2（またははちみつ…小さじ$\frac{2}{3}$）
しょうゆ…小さじ1

つくり方

1 セロリは3～4cm長さの斜め薄切りにし、葉はざく切りにする。
2 鍋に湯を沸かして**1**を入れ、10数えたらザルに上げ、そのまま粗熱を取る。
3 ボウルにツナを缶汁ごと入れ、**A**を加え混ぜ、**2**の水気をしっかり絞って加え、あえる。

冷蔵 5日　冷凍 1か月

Memo
●ゆでたセロリは水にさらすと水っぽい仕上がりになるので、そのまま冷まして粗熱を取りましょう

3月

4週目

おしながき

季節の変わり目で
体調をくずしやすいので
酸味の効いたおかずや
スタミナおかずを
つくりおきして
元気をチャージ。
野菜もたっぷりとって
免疫力を高めます

サブおかず

スナップえんどうとパプリカのペペロンチーノ風
▶ P.164
冷蔵 5日　冷凍 1か月

きんぴらごぼう
▶ P.165
冷蔵 1週間　冷凍 1か月

じゃがいもの梅おかかあえ
▶ P.165
冷蔵 1週間

メインおかず

鶏つくねの甘酢煮
▶ P.162
冷蔵 5日　冷凍 1か月

豚こまとアスパラのスタミナ炒め
▶ P.163
冷蔵 5日　冷凍 1か月

鶏もも肉のチキンチャップ
▶ P.163
冷蔵 5日　冷凍 1か月

食材リスト

肉

鶏ひき肉…400g
豚こま切れ肉…400g
鶏もも肉
…2枚（約600g）
ベーコン…4枚

野菜

万能ねぎ…2本
グリーンアスパラ…2束（200g）
スナップえんどう…300g
パプリカ（赤、黄）…各½個
ごぼう…1本
にんじん…⅓本
新じゃがいも（またはじゃがいも）
…中3〜4個（400g）

その他

卵…1個
豆腐（絹ごしまたは木綿）
…½丁（150g）
かつお節…小2パック（5〜6g）
梅肉
…大さじ1（梅干し大2個分）

冷蔵 5日　冷凍 1か月

鶏つくねの甘酢煮

豆腐入りのふわふわつくねに、甘酢あんをからめて仕上げました。酢のさわやかな酸味と香りで食欲もアップして、パクパク食べられます

材料（4人分）

鶏ひき肉…400g
塩、こしょう…各小さじ¼

A
卵…1個
豆腐（絹ごしまたは木綿・水気をきる）…½丁（150g）
万能ねぎ（小口切り）…2本
片栗粉…大さじ3
しょうがのすりおろし（チューブ）…小さじ½

サラダ油…小さじ2

B
砂糖、酢、しょうゆ、水…各大さじ2
酒、みりん…各大さじ1
片栗粉…小さじ1

つくり方

1 ボウルにひき肉、塩、こしょうを入れ、粘り気が出るまで練り混ぜる。**A**を加えてさらによく混ぜる。

2 フライパンにサラダ油を中火で熱し、**1**をひと口大に丸めて並べ入れ、フタをして両面をこんがり焼く。フタを取って合わせた**B**を加え、味をからめる。

Memo

●たれごとご飯にのせて半熟卵を落とし、好みで万能ねぎの小口切りや七味唐辛子をふって、つくね丼にしてもおいしいです
●鶏ひき肉を豚ひき肉に替えてつくったり、つくり方**1**で、**A**と一緒にたけのこの水煮やしいたけの薄切りを加えても

豚こまとアスパラのスタミナ炒め

チャチャッとできる簡単スピードメニュー。豚肉のビタミンB1とアスパラに含まれるアスパラギン酸が疲労回復に働きかけます

材料（4人分）
豚こま切れ肉…400g
グリーンアスパラ…2束（200g）
片栗粉…大さじ4
サラダ油…小さじ2

A
しょうゆ…大さじ3
酒、みりん…各大さじ2
にんにくのすりおろし、しょうがのすりおろし（各チューブ）…各小さじ1

つくり方
1 豚肉は片栗粉をまぶす。アスパラは根元のかたい部分を切り落とし、斜め切りにする。
2 フライパンにサラダ油をひき、弱めの中火にかける。**1**の豚肉を広げ入れ、焼き色がついたら上下を返す。
3 **2**に**1**のアスパラ、合わせた**A**を加え混ぜ、フタをする。煮立ったらフタを取り、強めの中火で味をからめる。

冷蔵 5日
冷凍 1か月

Memo
●アスパラの根元部分は筋っぽい舌ざわりなので、根元から3～4cm程度はピーラーで薄く皮をむくのがおすすめです

鶏もも肉のチキンチャップ

こんがり焼いた鶏肉に、ソースをからめてコクをアップ。お子さんが好きなケチャップを使った甘めの味つけです

材料（4人分）
鶏もも肉…2枚（約600g）
片栗粉…大さじ2
サラダ油…小さじ2

A
トマトケチャップ…大さじ3
みりん…大さじ2
しょうゆ…大さじ1 1/3
にんにくのすりおろし（チューブ）…小さじ1

つくり方
1 鶏肉はひと口大に切り、片栗粉をまぶす。
2 フライパンにサラダ油をひき、**1**を皮目を下にして並べ入れ、弱めの中火にかける。焼き色がついたら上下を返し、さらに3～4分焼く。
3 **2**に合わせた**A**を加え、味をからめる。

冷蔵 5日
冷凍 1か月

Memo
●鶏肉から出てきた余分な脂はふき取りましょう。このひと手間で脂っこさが抑えられ、ソースのからみもよくなります

スナップえんどうとパプリカのペペロンチーノ風

ベーコンのうま味とにんにくがクセになるビタミンカラーのおかずです。肉料理のつけ合わせにぴったりなので、鶏もも肉のチキンチャップと一緒にぜひ！

冷蔵 5日

冷凍 1か月

材料（4人分）

スナップえんどう…300g
パプリカ（赤、黄）…各½個
ベーコン…4枚
オリーブオイル…大さじ1
にんにくのすりおろし（チューブ）…小さじ1

A
酒…大さじ1
赤唐辛子（輪切り・好みで）…小さじ1（1本分）
塩…小さじ½

つくり方

1 スナップえんどうは筋を除く。パプリカはヘタと種を除いて縦1・5㎝幅に切る。ベーコンは1・5㎝幅に切る。

2 フライパンにオリーブオイル、にんにく、1のベーコンを入れて弱めの中火にかける。ベーコンがカリッとしてきたら1のスナップえんどう、パプリカを加えて炒める。全体に油が回ったらAで調味し、フタをして1分ほど蒸し焼きにする。フタを取って全体をざっと混ぜ、水分を飛ばす。

Memo

●スナップえんどうの筋は、まず内側からヘタに向かって筋を取り、次にヘタから外側の筋を取ると、途中で途切れにくく、まんべんなくきれいに取ることができます
●好みできのこを加えたり、卵焼きやオムレツ、ココット、キッシュの具材にもどうぞ

きんぴらごぼう

つくりおきおかずの王道ともいえる、定番の和風総菜です。ささがきにすると、ふわっとしたやわらかな口当たりに!

材料（4人分）

ごぼう…1本
にんじん…1/3本
ごま油…大さじ1
赤唐辛子（輪切り）
…小さじ1（1本分）
酒…大さじ3
砂糖…小さじ1
A
しょうゆ…大さじ2
みりん…大さじ1

つくり方

1 ごぼう、にんじんはピーラーなどでささがきにし、ごぼうは水にさらして水気をきる。

2 フライパンにごま油、赤唐辛子を入れ、強めの中火にかける。香りが立ったら1を加えて炒め、しんなりしたら酒をふり入れてざっと混ぜ、砂糖を加え混ぜる。煮立ったらAを加え、汁気がなくなるまで炒りつける。

Memo

●ごぼうは太ければ5〜6本、細ければ3〜4本、縦に薄く切り目を入れてからピーラーで削ると簡単にささがきに

じゃがいもの梅おかかあえ

梅でさっぱり! シャキシャキ歯ごたえが楽しい一品です。じゃがいもはメークインかつ、新じゃががおすすめ

材料（4人分）

新じゃがいも（またはじゃがいも）
…中3〜4個（400g）
かつお節
…小2パック（5〜6g）
A
梅肉…大さじ1
（梅干し大2個分）
顆粒昆布だし（または
顆粒和風だし）…小さじ1

つくり方

1 じゃがいもは皮つきのままスライサーなどで千切りにする。

2 鍋にたっぷりの湯を沸かし、1を入れる。再沸騰したらザルに上げて流水で洗い、水気をしっかり絞る。

3 ボウルにAを混ぜ合わせ、2を加えてあえる。

Memo

●さっとゆでたら、ぬめりが取れるまででんぷんをよく洗い流しておくのが、シャキッと仕上げるためのポイントです

4月 1週目

おしながき

何かと物入りな新年度は
食費を節約して
家計を引き締めます。
主菜も副菜も最小限の
素材と手間でつくれる
簡単スピードメニュー。
これなら、時間も節約
できて一石二鳥です

サブおかず

トマトのマリネサラダ
▶ P.169
冷蔵 4日

たけのこのバター土佐煮
▶ P.170
冷蔵 5日 / 冷凍 1か月

もやしのツナごまあえ
▶ P.170
冷蔵 5日 / 冷凍 1か月

メインおかず

豚こまとキャベツの酒蒸し
▶ P.167
冷蔵 5日 / 冷凍 1か月

鶏もも肉のマヨマスタード焼き
▶ P.168
冷蔵 5日 / 冷凍 1か月

鶏胸肉と玉ねぎのとろとろ炒め煮
▶ P.168
冷蔵 5日 / 冷凍 1か月

食材リスト

肉

豚こま切れ肉…400g
鶏もも肉
…2枚（約600g）
鶏胸肉…2枚（約600g）

野菜

新キャベツ
（またはキャベツ）…1/2個
新玉ねぎ（または玉ねぎ）
…3個
トマト…4個
たけのこ（水煮）
…大1個（400〜500g）
もやし…2袋

その他

ツナ缶（油漬けまたは
ノンオイル）…小2缶（70g×2）
かつお節…小2パック（5〜6g）
すりごま（白）…大さじ2

豚こまとキャベツの酒蒸し

みずみずしい新キャベツの水分を利用してつくる、安うまおかずの決定版。アバウトにつくっても失敗なしで、素材のうま味が堪能できます

冷蔵 5日

冷凍 1か月

材料（4人分）
豚こま切れ肉…400g
新キャベツ（またはキャベツ）…½個
塩…小さじ2
酒…大さじ2

つくり方

1 キャベツはひと口大のざく切りにする。

2 フライパンに1の⅓量を敷き、その上に豚肉の半量を広げ、塩小さじ1をふる。これをもう一度繰り返し、残りの1を重ねのせる。

3 2に酒をふってフタをし、弱めの中火にかける。15分ほどしたら上下を返し、さらに2〜3分蒸し煮にする。

Memo

●豚こまを間にはさみながらキャベツを重ねる"重ね蒸し"にすると、肉のうま味がキャベツにじんわりしみ込みます

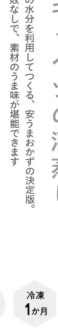

鶏もも肉のマヨマスタード焼き

1素材かつほったらかしでつくれて、冷めてもジューシー。粒マスタードにマヨネーズを加えることで、マイルドなおいしさに！

材料（4人分）
鶏もも肉…2枚（約600g）
片栗粉…大さじ2
サラダ油…小さじ2
A
マヨネーズ…大さじ2
粒マスタード、はちみつ…各大さじ1
しょうゆ…小さじ1

つくり方
1 鶏肉はひと口大に切り、片栗粉をまぶす。
2 フライパンにサラダ油をひき、1を皮目を下にして並べ入れ、弱めの中火にかける。焼き色がついたら上下を返し、さらに3～4分焼く。
3 2に合わせたAを加え、味をからめる。

冷蔵 5日 冷凍 1か月

Memo
●じゃがいもや玉ねぎを一緒に加えても
●食べやすく切って、サンドイッチやサラダの具にも活用できます

鶏胸肉と玉ねぎのとろとろ炒め煮

お手頃の鶏胸肉を使ったスピードおかず。玉ねぎからたっぷりと出るスープごと、つゆだくでいただきます

材料（4～5人分）
鶏胸肉…2枚（約600g）
新玉ねぎ（または玉ねぎ）…2個
片栗粉…大さじ2
サラダ油…小さじ2
A
しょうゆ…大さじ3
酒、みりん、しょうがのすりおろし（チューブ）…各大さじ1

つくり方
1 鶏肉はひと口大のそぎ切りにし、片栗粉をまぶす。玉ねぎは半分に切り、繊維に沿って5㎜幅に切る。
2 フライパンにサラダ油をひき、1の鶏肉を広げ入れ、フタをして弱火にかける。焼き色がついたら上下を返し、1の玉ねぎを加えてざっと混ぜる。
3 2に合わせたAを加え、さらに7～8分蒸し焼きにする。フタを取り、全体を底から混ぜて味をからめる。

冷蔵 5日 冷凍 1か月

Memo
●卵でとじると、親子丼の具材に。だし汁や鶏ガラスープでのばすと、スープにもアレンジできます

トマトのマリネサラダ

玉ねぎ入りのドレッシングで、トマトをマリネするだけ。
まだかたいトマトでも、味がなじむとおいしく変身してくれます

冷蔵
4日

材料（4人分）
トマト…4個
新玉ねぎ（または玉ねぎ）…1個

A
- オリーブオイル、酢…各大さじ4
- 砂糖…大さじ1 1/3
- 塩…小さじ1 1/2
- こしょう…小さじ1/4

つくり方

1 トマトは4等分のくし形に切ってヘタを除き、さらにそれぞれを4つに切る。玉ねぎはみじん切りにし、水にさらして水気をきる。

2 ボウルに**A**を混ぜ合わせ、**1**の玉ねぎを加えてよく混ぜ、**1**のトマトを加えてあえる。

Memo

●酢は、お好みでりんご酢やワインビネガー、バルサミコ酢に差し替えると、さらにフルーティな仕上がりになります

●野菜がたっぷりとれる「食べるドレッシング」として、レタスや豆腐、豚しゃぶ肉などにかけてもおいしくいただけます

たけのこのバター土佐煮

春の定番レシピをアレンジして、和洋折衷の一品に。水煮を使うと手早く完成。若い人にもウケる味です

材料（4人分）

たけのこ（水煮）…大1個（400～500g）
サラダ油…小さじ1
バター…20g
A
めんつゆ（3倍濃縮）…大さじ1
酢…小さじ1
かつお節…小2パック（5～6g）

つくり方

1 たけのこは横3等分に切る。真ん中と根元は切り口を下にして端から1・5㎝幅に切り、繊維に沿って2㎜幅に切る。穂先は8等分のくし形に切る。

2 フライパンにサラダ油をひき、1を広げ入れる。7～8分炒め、ところどころに焼き色がついたらバター、合わせたA、かつお節を加え、バターを溶かしながらかつお節を全体にからめる。

冷蔵 5日　冷凍 1か月

Memo
●焼き色がつくくらいまでしっかりと炒めることで、たけのこそのもののうま味が生きた香ばしい仕上がりになります

もやしのツナごまあえ

ツナとめんつゆを掛け合わせた強いうま味を加えると、淡泊なもやしもおいしさ長もち。いくらでも食べられます

材料（4人分）

もやし…2袋
ツナ缶（油漬けまたはノンオイル）…小2缶（70g×2）
すりごま（白）…大さじ2
A
めんつゆ（3倍濃縮）…大さじ1
酢…小さじ1

つくり方

1 フライパンにもやしを入れ、水2カップ、酢大さじ1（各分量外）を加え、フタをして強火にかける。沸騰したら火を止めてザルに上げ、水気をよくきる。

2 ボウルにツナを缶汁ごと入れ、1を加Aを加えて混ぜ合わせ、えてあえる。

冷蔵 5日　冷凍 1か月

Memo
●薄切りにして塩もみしたきゅうりやにんじんの千切りを一緒に加えても。味が薄ければめんつゆを加えて調整を

4月

2週目

おしながき

魚料理を食べたいけれど、
調理が面倒……。
そんなときには、
手軽な缶詰を活用します。
和洋中のつくりおきで
味にバリエーションが
あるから、毎日
飽きずに楽しめます

サブおかず

ジャーマンポテト風
▶ P.174
冷蔵 5日

にんじんの中華風サラダ
▶ P.175
冷蔵 4日

玉ねぎのとろとろ焼きびたし
▶ P.175
冷蔵 5日　冷凍 1か月

メインおかず

鶏手羽元の照り焼き
▶ P.172
冷蔵 5日　冷凍 1か月

和風チンジャオロースー
▶ P.173
冷蔵 5日　冷凍 1か月

さば缶とキャベツのトマト煮
▶ P.174
冷蔵 5日　冷凍 1か月

食材リスト

肉

鶏手羽元…8〜12本
豚こま切れ肉…400g
ウインナソーセージ
…8本

野菜

ピーマン…8〜10個
新キャベツ
（またはキャベツ）…½個
新じゃがいも
（またはじゃがいも）
…3〜6個（400〜500g）
にんじん…2本
新玉ねぎ（または玉ねぎ）…2個

その他

さば缶（水煮）…2缶（190g×2）
トマト缶（カット状）…1缶（400g）
かつお節…小2パック（5〜6g）
いりごま（白）…大さじ6

冷蔵
5日

冷凍
1か月

鶏手羽元の照り焼き

食欲を刺激する、甘辛しょうゆ味の照り焼きです。骨つき肉を使うと見た目にも豪華になり、冷めてもやわらかいのでつくりおきにぴったり!

材料(4人分)

鶏手羽元…8〜12本
片栗粉…大さじ2
サラダ油…小さじ2
A
しょうゆ、酒、みりん…各大さじ2
砂糖、酢…各小さじ2

つくり方

1 手羽元は片栗粉をまぶす。
2 フライパンにサラダ油をひき、1を並べ入れ、フタをして弱めの中火にかける。焼き色がついたら上下を返し、さらに2〜3分蒸し焼きにする。
3 2に合わせたAを加え、味をからめる。

Memo

●合わせ調味料を加える際、火加減は弱めの中火のままで。フライパンが十分熱くなっているので、火を強くすると調味料が焦げてしまうことがあります
●合わせ調味料には、好みでにんにくやしょうがのすりおろし、一味唐辛子、黒こしょうなどを加えても

和風チンジャオロースー

酸味と甘味のバランスがよく、たっぷりのごまを加えたので風味も抜群です。冷めてもおいしいので、お弁当のおかずやサンドイッチの具材にも◎

冷蔵 5日　冷凍 1か月

材料（4人分）

豚こま切れ肉…400g
ピーマン…8〜10個
片栗粉（または小麦粉）…大さじ4
サラダ油…小さじ2

A
いりごま（白）…大さじ4
砂糖、酢、しょうゆ…各大さじ2
みりん…大さじ1

つくり方

1 豚肉は片栗粉をまぶす。ピーマンはヘタと種を除いて縦7㎜幅に切る。

2 フライパンにサラダ油をひき、1の豚肉を広げ入れ、弱めの中火にかける。焼き色がついたら上下を返し、1のピーマンを加えてざっと混ぜる。

3 2に合わせたAを加え、フタをする。ふつふつしてきたらフタを取り、底から混ぜて汁気を飛ばす。

Memo

●豚こまは片栗粉をまぶしておくと味がよくからみます。1枚1枚広げながらもみ込むようにするのがまんべんなくまぶすコツです

さば缶とキャベツのトマト煮

缶詰を使った簡単イタリアンです。さばとトマトは相性抜群！
キャベツの水分で煮るので、素材のうま味が凝縮されます

材料（4人分）
- さば缶（水煮）…2缶（190g×2）
- 新キャベツ（またはキャベツ）…½個
- A
  - 顆粒洋風だし…小さじ2
  - にんにくのすりおろし（チューブ）…小さじ1
  - オレガノ（乾燥・あれば）…小さじ½
  - 粗びきこしょう（黒）…小さじ¼
- トマト缶（カット状）…1缶（400g）

つくり方

1 キャベツはひと口大のざく切りにする。

2 フライパンまたは鍋に**1**の半量を入れ、さばを缶汁ごと加える。**A**をふり、その上にトマト缶、残りの**1**を順に広げのせ、フタをして中火にかける。煮立ったら上下を返し、弱めの中火でさらに9～10分蒸し煮にする。フタを取ってざっと混ぜる。

冷蔵 5日　冷凍 1か月

Memo
●パスタやご飯にかけたり、ピザ用チーズやバターと一緒にオーブンで焼いたりと、幅広くアレンジできます

ジャーマンポテト風

こんがり焼けたじゃがいもが香ばしい、おつまみ副菜。
新じゃがなら、皮ごとおいしくいただけます

材料（4人分）
- 新じゃがいも（またはじゃがいも）…中3～6個（400～500g）
- ウインナソーセージ…8本
- サラダ油…大さじ1
- A
  - 塩、粗びきこしょう（黒）…各小さじ¼

つくり方

1 じゃがいもは皮つきのまま7㎜厚さの輪切りにする。ソーセージは1・5㎝幅の斜め切りにする。

2 フライパンにサラダ油をひき、**1**のじゃがいもを並べ入れ、フタをして弱めの中火にかける。焼き色がついたら上下を返し、**1**のソーセージを加えてさらに4～5分蒸し焼きにし、**A**で調味する。

冷蔵 5日

Memo
●盛りつける際は乾燥パセリや粉チーズをふったり、ケチャップやマスタードをつけて食べてもおいしいです

にんじんの中華風サラダ

中華版キャロットラペ。レモン汁を加えているので
さっぱり、あっさりとして、いくらでも食べられます

材料（4人分）
にんじん…2本
A
いりごま（白）…大さじ2
ごま油、レモン汁
…各大さじ1⅓
砂糖、しょうゆ…各小さじ2
顆粒鶏ガラスープ…小さじ1

つくり方
1 にんじんは皮つきのままスライサーなどで千切りにする。
2 ボウルにAを混ぜ合わせ、1を加えてあえる。

冷蔵 4日

Memo
●好みで、にんにくのすりおろしや一味唐辛子を加えてもおいしいです
●ゆでた豚しゃぶ肉で巻いて食べても

玉ねぎのとろとろ焼きびたし

じっくり焼いた玉ねぎを、だしじょうゆにひたしました。
香ばしさと甘さが増してたっぷり食べられます

材料（4人分）
新玉ねぎ（または玉ねぎ）
…2個
サラダ油…大さじ2
だし汁…1カップ
（または水1カップ＋
顆粒和風だし小さじ½）
しょうゆ…大さじ2⅔
かつお節…小2パック
（5〜6g）

つくり方
1 玉ねぎは半分に切り、繊維に沿って5㎜幅に切る。
2 フライパンに1、サラダ油を入れてざっと混ぜ、フタをして中火にかける。蒸気が上がったら、4〜5分蒸し焼きにする。全体を混ぜ、しんなりするまでさらに5分ほど蒸し焼きにする。
3 2にだし汁、しょうゆ、かつお節の順に加え混ぜてなじませ、煮立ったら火を止める。

冷蔵 5日
冷凍 1か月

Memo
●油をひいて焼くことで、焦げつかずにじっくり焼くことができ、玉ねぎの甘味とうま味がしっかり引き出せます

4月 3週目

おしながき

主菜はご飯によく合う
甘辛おかず2品と
使い回しが利く
簡単ゆで豚。
副菜は生野菜を使った
サラダ系おかずで
ビタミンとミネラルを
しっかり補給します

メインおかず

鶏胸肉のオニオンソース焼き
▶ P.177
冷蔵 5日　冷凍 1か月

豚こまの塩ゆで
▶ P.178
冷蔵 5日　冷凍 1か月

鶏もも肉とたけのこの甘辛炒め煮
▶ P.179
冷蔵 5日　冷凍 1か月

サブおかず

キャベツのマスタードマリネ
▶ P.179
冷蔵 5日

にんじんとコーンのマヨサラダ
▶ P.180
冷蔵 5日

こんにゃくの甘辛煮
▶ P.180
冷蔵 1週間

食材リスト

肉

鶏胸肉…2枚（約600g）
豚こま切れ肉…400g
鶏もも肉…2枚（約600g）

野菜

新玉ねぎ（または玉ねぎ）…½個
たけのこ（水煮）…大1個（400～500g）
新キャベツ（またはキャベツ）…½個
にんじん…2本

その他

コーン缶（ホール状）…1缶（200g）
こんにゃく…2枚
かつお節…小4パック（10～12g）
いりごま（白）…大さじ1

鶏胸肉のオニオンソース焼き

すりおろした玉ねぎのチカラで胸肉をやわらかくし、ゆっくり火をとおすことでふっくらと焼き上げます。白いご飯との相性が抜群なので、のっけ丼にも

冷蔵 5日
冷凍 1か月

材料（4人分）

鶏胸肉…2枚（約600g）
新玉ねぎ（または玉ねぎ・すりおろす）…½個

A
しょうゆ…大さじ3
砂糖、みりん…各大さじ1
にんにくのすりおろし（チューブ）…小さじ1
こしょう…小さじ¼

片栗粉…大さじ3
サラダ油…大さじ1

つくり方

1 鶏肉はひと口大のそぎ切りにし、合わせた**A**に10分以上漬け込む。汁気を軽くきって片栗粉をもみ込む。漬け汁はとっておく。

2 フライパンにサラダ油をひき、**1**の鶏肉を広げ入れ、フタをして弱火にかける。焼き色がついたら上下を返し、両面をこんがり焼く。

3 **2**に**1**の漬け汁を加え、中火で味をからめる。

Memo

●保存容器や保存用ポリ袋、ボウルなどに胸肉と漬け汁の材料を入れて10分以上漬け込みます。この状態で3日間は冷蔵保存可能

豚こまの塩ゆで

豚こまは塩ゆでしておくと、サラダや炒め物などに展開できて便利です。片栗粉をまぶすことでしっとりやわらかく仕上がり、保存してもパサつきません

冷蔵 5日
冷凍 1か月

材料（つくりやすい分量）
豚こま切れ肉…400g
片栗粉…大さじ4
A
水…5カップ
酒…½カップ
塩…小さじ1

つくり方
1 豚肉は片栗粉をまぶす。
2 鍋にAを入れて強火にかける。沸騰したら中火にし、1を広げながら入れてゆで、肉の色が変わったら、ザルに上げる。

Arrange
豚肉入りニラ玉

材料（1〜2人分）
豚こまの塩ゆで…1カップ
ニラ…1束
卵…2個
A
水…大さじ1
しょうゆ、酒、みりん…各小さじ1
顆粒鶏ガラスープ…小さじ½
ごま油…小さじ2

つくり方
1 ニラは4cm長さに切る。ボウルに卵を割りほぐし、Aを加えて混ぜる。
2 フライパンにごま油を中火で熱し、1のニラ、豚こまの塩ゆでの順に入れて炒める。1の卵液を加え、混ぜながら半熟に仕上げる。

冷蔵 5日　冷凍 1か月

鶏もも肉とたけのこの甘辛炒め煮

たけのこの歯ざわりと香りが堪能できるよう、味つけは控えめ。筑前煮よりもうんと簡単に和風の煮物がつくれます

材料（4人分）

- 鶏もも肉…2枚（約600g）
- たけのこ（水煮）…大1個（400〜500g）
- 片栗粉…大さじ2
- サラダ油…小さじ2
- A
  - しょうゆ、酒…各大さじ2
  - みりん…大さじ1
  - 砂糖…小さじ2

つくり方

1. 鶏肉はひと口大に切り、片栗粉をまぶす。たけのこは横3等分に切る。真ん中と根元は切り口を下にして縦半分に切り、繊維に沿って2〜3mm幅に切る。穂先は4等分のくし形に切る。
2. フライパンにサラダ油をひき、**1**の鶏肉を皮目を下にして並べ入れ、中火にかける。焼き色がついたら上下を返し、弱めの中火でさらに2分ほど焼き、**1**のたけのこを加えてざっと混ぜる。
3. **2**に合わせた**A**を加え、フタをして中火で4〜5分煮る。フタを取り、汁気を飛ばしながら味をからめる。

Memo

●ごぼうやにんじん、しいたけを加えても
●それぞれの具材を細かく切って、混ぜご飯にしてもおいしいです

キャベツのマスタードマリネ

甘酸っぱさと粒マスタードの香りがクセに。豚こまの塩ゆでと合わせれば、おかずサラダに変身します

材料（4人分）

- 新キャベツ（またはキャベツ）…½個
- 塩…小さじ½
- A
  - サラダ油…大さじ3
  - 酢…大さじ2
  - 粒マスタード、はちみつ…各大さじ1
  - 粗びきこしょう（黒）…小さじ⅓

つくり方

1. キャベツは葉を1枚ずつはがす。芯はそぎ切りにし、葉は3〜4cm角に切り、塩をふり混ぜてよくもむ。
2. ボウルに**A**を混ぜ合わせ、**1**の水気を軽く絞って加え、あえる。

冷蔵 5日

Memo

●ツナやハム、焼いたベーコンを加えると、手軽にボリュームアップできます
●パンにはさんでサンドイッチにしても

にんじんとコーンのマヨサラダ

自然な甘味たっぷりの、まろやかな味わい。プチプチの食感が楽しくて、お子さんにも食べやすい一品です

材料（4人分）

にんじん…2本
コーン缶（ホール状）…1缶（200g）
塩…小さじ1/4
A マヨネーズ…大さじ3
A しょうゆ…小さじ1

つくり方

1 にんじんは皮つきのままスライサーなどで千切りにする。塩をふって軽くもみ、5分ほどおいて水気をしっかり絞る。コーンは缶汁をきる。

2 ボウルに**A**を混ぜ合わせ、**1**を加えてあえる。

冷蔵 5日

Memo
●耐熱容器に入れ、マヨネーズまたはピザ用チーズをかけ、オーブントースターで焼いてもおいしいです

こんにゃくの甘辛煮

さっとつくれて日もちも◎。仕上げにごま油やかつお節を加えると、薄味でもおいしく仕上がります

材料（4人分）

こんにゃく…2枚
A しょうゆ…大さじ2
A みりん…大さじ1
A ごま油…小さじ2
B 赤唐辛子（輪切り）…小さじ1/2〜1（1/2〜1本分）
B かつお節…小4パック（10〜12g）
B いりごま（白）…大さじ1

つくり方

1 こんにゃくは包丁でたたいて両面に格子状の切り目を入れ、2cm角に切る。塩小さじ2（分量外）をふってもみ、熱湯で下ゆでしてアクを抜く。

2 フライパンに**1**を広げ入れ、強めの中火にかけ、から炒りする。水分が飛んだら合わせた**A**を加えて炒め、汁気が少なくなってきたら弱火にし、**B**を加えて煮からめる。かつお節、ごまを加えてざっと混ぜる。

冷蔵 1週間

Memo
●しっかりアク抜きしてから調理します。下ゆでの時間は沸騰後3分程度までに。それ以上ゆでるとかたくなってしまいます

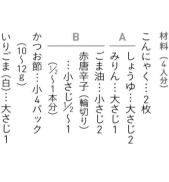

4月

4週目

おしながき

出盛りの春野菜を使ってがっつり食べられるボリュームおかずをつくりおきします。
副菜は、じゃがいものミートソース煮を火にかけている間につくればスムーズ

サブおかず

豆もやしのおひたし
▶ P.184
冷蔵 5日　冷凍 1か月

生レタスサラダ
▶ P.185
冷蔵 5日

にんじんのガーリックコンソメマヨ炒め
▶ P.185
冷蔵 5日　冷凍 1か月

メインおかず

鶏胸肉とキャベツのオイスター炒め煮
▶ P.182
冷蔵 5日　冷凍 1か月

じゃがいものミートソース煮
▶ P.183
冷蔵 5日　冷凍 1か月

鶏胸肉と菜の花の豆板醤炒め
▶ P.184
冷蔵 5日　冷凍 1か月

食材リスト

肉

鶏胸肉…4枚（約1.2kg）
合いびき肉…400g
ベーコン…2枚

野菜

新キャベツ（またはキャベツ）
…½個
新じゃがいも（またはじゃがいも）
…中3～6個（400～500g）
菜の花…2束（300～400g）
豆もやし（またはもやし）…2袋
レタス…1個
にんじん…2本

その他

トマト缶（カット状）
…1缶（400g）
かつお節…小1パック
（2.5～3g）
昆布…10cm

鶏胸肉とキャベツのオイスター炒め煮

素材のうま味と甘味を生かしてつくるので、手順も味つけも簡単。みずみずしい新キャベツから出たおいしいスープごと、ぜいたくにいただきます

冷蔵 5日　冷凍 1か月

材料（4人分）

鶏胸肉…2枚（約600g）
新キャベツ（またはキャベツ）…½個
片栗粉…大さじ2
ごま油…小さじ2
酒…大さじ3
A
オイスターソース、しょうゆ…各大さじ2
片栗粉…小さじ2

つくり方

1 鶏肉はひと口大のそぎ切りにし、片栗粉をまぶす。キャベツはひと口大のざく切りにする。

2 フライパンにごま油をひき、**1**の鶏肉を広げ入れ、フタをして弱火にかける。焼き色がついたら上下を返し、**1**のキャベツを加えてざっと混ぜる。酒をふり、さらに7～8分蒸し煮にする。

3 **2**に合わせた**A**を加え、味をからめる。

Memo

●キャベツを加える際は芯に近い部分はよくほぐしておきましょう。固まったままだと火のとおりが悪くなってしまいます
●赤唐辛子やこしょう、にんにくのすりおろしなど好みの香辛料を加えたり、盛りつける際に万能ねぎの小口切りを散らしても

じゃがいものミートソース煮

濃厚なミートソースがじゃがいもにたっぷりからんで、たまらないおいしさ！
そのままはもちろん、チーズを加えてポテトグラタンにアレンジしても◎

冷蔵 5日　冷凍 1か月

材料（4人分）

合いびき肉…400g
新じゃがいも（またはじゃがいも）
…中3～6個（400～500g）
サラダ油…小さじ2
小麦粉（または片栗粉）…大さじ2

A
トマト缶（カット状）…1缶（400g）
水…1カップ
トマトケチャップ、中濃ソース
…各大さじ2
顆粒洋風だし…小さじ1

つくり方

1 じゃがいもは皮をむいてひと口大に切る。
2 フライパンにサラダ油を中火で熱し、ひき肉を広げ入れる。肉の色が変わったら小麦粉を加え、ヘラで切るようにしながら粉っぽさがなくなるまで炒め合わせる。
3 **2**に**1**、**A**を加え、煮立ったらフタをして弱火で20分ほど煮る。途中、一度混ぜる。

Memo

●フライパンを十分に熱してからひき肉を入れます。表面のタンパク質を急激に固め、うま味を閉じ込めることで濃厚な味わいに

鶏胸肉と菜の花の豆板醤炒め

ほろ苦い春の香りを楽しむ、中華風の炒め物です。ピリ辛みそ味で、ご飯に合うおいしさに仕上げました

冷蔵 5日　冷凍 1か月

材料（4人分）

鶏胸肉…2枚（約600g）
菜の花…2束（300〜400g）
片栗粉…大さじ2
A　酒…大さじ2
　塩…小さじ¼
ごま油…大さじ1
B　豆板醤、みそ、みりん…各大さじ2
　しょうゆ…小さじ2

つくり方

1 鶏肉はひと口大のそぎ切りにして1・5cm幅に切り、片栗粉をまぶす。菜の花は4〜5cm長さに切る。

2 フライパンに**1**の菜の花、**A**を入れ、フタをして中火にかける。蒸気が上がったら全体を混ぜ、ザルに上げて水気をきる。

3 **2**のフライパンをきれいにし、ごま油をひき、**1**の鶏肉を広げ入れ、フタをして弱火にかける。焼き色がついたら上下を返して3〜4分炒め、**2**を戻し入れてざっと混ぜる。

4 **3**に合わせた**B**を加え、味をからめる。

Memo

●菜の花はたっぷりの水につけおくか流水でよく洗い、葉やつぼみについている汚れを落としてから使いましょう

豆もやしのおひたし

日もちのしないもやしも、おひたしにするとおいしさ長もち。うま味と甘味をしっかりめにすると味がぼやけません

冷蔵 5日　冷凍 1か月

材料（4人分）

豆もやし（またはもやし）…2袋
かつお節…小1パック（2・5〜3g）
A　水…¾カップ
　めんつゆ（3倍濃縮）、しょうゆ…大さじ1
　砂糖…各小さじ2

つくり方

1 フライパンにもやしを入れ、水2カップ、酢大さじ1（各分量外）を加え、フタをして強火にかける。沸騰したら火を止めてザルに上げ、水気をよくきる。

2 ボウルに**A**を混ぜ合わせ、**1**を加えてあえる。

Memo

●酢を加えてゆでると、独特のにおいやクセが抑えられるので、ひげ根は取らなくても大丈夫です

生レタスサラダ

レタスが生のままおいしく、つくりおきできるレシピです。ベーコンを炒め油ごと加えるので、コクもたっぷり！

冷蔵 5日

材料（4人分）

レタス…1個
ベーコン…2枚
昆布…10㎝
ごま油…大さじ1

A
ごま油…大さじ1
塩…小さじ½
こしょう…小さじ¼

つくり方

1 レタスは50～55℃の湯に2～3分つけ、ザルに上げる。ひと口大にちぎり、水気をよくきる。ベーコンは1㎝幅に切る。昆布はキッチンバサミで3㎜幅に切る。

2 フライパンにごま油を中火で熱し、1のベーコンを入れ、カリカリになるまで炒める。

3 ボウルに1のレタス、昆布、Aを入れ、2を炒め油ごと加え、手でもみ混ぜる。

Memo
●レタスは50～55℃の湯につけておくと、保存してもシャキッとし、赤く変色しづらくなります

にんじんのガーリックコンソメマヨ炒め

じっくり火をとおして、にんじんの甘味を引き出しました。パンチの効いた味わいで、ヘルシーなおつまみにも！

冷蔵 5日　冷凍 1か月

材料（4人分）

にんじん…2本
マヨネーズ…大さじ3

A
顆粒洋風だし…小さじ2
にんにくのすりおろし（チューブ）、しょうゆ…各小さじ1
粗びきこしょう（黒）…小さじ¼

つくり方

1 にんじんは皮つきのまま4～5㎝長さの細切りにする。

2 フライパンに1、マヨネーズを入れて混ぜ、フタをして弱めの中火にかけ、5～6分焼く。フタを取ってざっと混ぜて水気を飛ばし、Aで調味する。

Memo
●ナッツや乾燥パセリを一緒に加えてつくったり、粉チーズをふって食べてもおいしいです

5月 1週目

おしながき

ゴールデンウイーク週間。主菜は炒め物やソテーで簡単に。連休で外食が続くと、家庭の味が恋しくなるので、副菜ではおひたしやポテサラ、きんぴらの定番総菜をつくります

サブおかず

キャベツのうま味おひたし
▶ P.189
冷蔵 4日　冷凍 1か月

野菜たっぷりポテトサラダ
▶ P.190
冷蔵 5日

糸こんにゃくのきんぴら
▶ P.190
冷蔵 5日

メインおかず

たけのこのピリ辛肉みそ炒め
▶ P.187
冷蔵 5日　冷凍 1か月

鶏胸肉とレタスのうま塩炒め
▶ P.188
冷蔵 5日　冷凍 1か月

豚こまのうまだれソテー
▶ P.189
冷蔵 5日　冷凍 1か月

食材リスト

肉

豚ひき肉…300g
鶏胸肉…2枚（約600g）
豚こま切れ肉…400g

野菜

たけのこ（水煮）…大1個（400〜500g）
レタス…1個
新キャベツ（またはキャベツ）…1/2個
新じゃがいも（またはじゃがいも）…中3〜4個（400g）
新玉ねぎ（または玉ねぎ）…1/4個
きゅうり…1本
にんじん…1/3本

その他

卵…2個
糸こんにゃく…400g
かつお節…小2パック（5〜6g）
いりごま（白）…大さじ1 1/3

たけのこのピリ辛肉みそ炒め

ピリッと辛い肉みそがからんだたけのこが絶品！　そろそろたけのこの終わりの時期が近いので、旬の味覚を味わい尽くしましょう

冷蔵 5日
冷凍 1か月

材料（4人分）
豚ひき肉…300g
たけのこ（水煮）…大1個（400〜500g）
ごま油…小さじ2
にんにくのすりおろし、しょうがのすりおろし（各チューブ）…各小さじ1

A
みそ、酒…各大さじ2
砂糖、しょうゆ…各大さじ1
片栗粉…小さじ2
豆板醤…小さじ1

つくり方

1 たけのこは横3等分に切る。真ん中と根元は2〜3㎜厚さのいちょう切り、穂先は縦半分に切って薄切りにする。

2 フライパンにごま油、にんにく、しょうがを入れて弱火にかける。香りが立ったらひき肉を加えて炒め、肉の色が変わったら**1**を加えてざっと混ぜる。

3 **2**に合わせた**A**を加え、フタをして3分ほど蒸し焼きにする。フタを取り、汁気を飛ばしながら味をからめる。

Memo
●たけのこを切ると、中から白い粉のようなものが出る場合があります。これは「チロシン」というアミノ酸の一種が結晶化したものですので、食べても問題ありません
●盛りつける際に、彩りに万能ねぎの小口切りを散らしても

鶏胸肉とレタスのうま塩炒め

肉のうま味がじわっとしみたレタスが格別のおいしさです。
レタスは火をとおすとたっぷり食べられて、外葉に近い部分も青臭さを感じません

冷蔵 5日　冷凍 1か月

材料（4人分）
鶏胸肉…2枚（約600g）
レタス…1個
片栗粉…大さじ4
サラダ油…小さじ2

A
ごま油…大さじ1
顆粒鶏ガラスープ…小さじ2
しょうゆ、にんにくのすりおろし（チューブ）…各小さじ1
こしょう…小さじ½
塩…小さじ¼

つくり方

1 鶏肉はひと口大のそぎ切りにし、片栗粉をまぶす。レタスは5～6㎝角にちぎる。

2 フライパンにサラダ油をひき、**1**の鶏肉を広げ入れ、フタをして弱火にかける。焼き色がついたら上下を返し、**1**のレタスを加えて7～8分蒸し焼きにする。

3 **2**に合わせた**A**を加え、全体を底から混ぜ、味をからめる。

Memo
●レタスの大きさによっては、水分が多く出る場合があります。味をみて、もし味が薄い場合は、しょうゆを小さじ½程度の量から加えて調整しましょう
●鶏ガラスープを加えてのばし、スープや中華麺にしても

豚こまのうまだれソテー

しょうが焼きの味つけをベースにした、〝うまだれ〟が決め手。
コクうまで、箸が止まらないクセになる味わいです

冷蔵 5日　冷凍 1か月

材料（4人分）

豚こま切れ肉…400g
片栗粉…大さじ4
サラダ油…小さじ2

A
しょうゆ、酒、みりん、オイスターソース…各大さじ2
しょうがのすりおろし（チューブ）…大さじ1
にんにくのすりおろし（チューブ）、酢…各小さじ1

つくり方

1 豚肉は片栗粉をまぶす。
2 フライパンにサラダ油をひき、**1**を広げ入れ、弱めの中火にかける。焼き色がついたら上下を返し、さらに2～3分焼く。
3 **2**に合わせた**A**を加え、強めの中火で汁気を飛ばしながら味をからめる。

Memo
●盛りつける際は、山盛りの千切りキャベツを添えたり、レタスで巻いて食べてもおいしいです

キャベツのうま味おひたし

しっかりめの味つけに、かつお節でうま味をプラス。
葉のやわらかい新キャベツでつくると味もしみしみです

冷蔵 4日　冷凍 1か月

材料（4人分）

新キャベツ（またはキャベツ）…1/2個
かつお節…小2パック（5～6g）
だし汁…1カップ（または水1カップ＋顆粒和風だし小さじ1/2）

A
しょうゆ…大さじ2 2/3
砂糖…大さじ1 1/3

つくり方

1 キャベツはひと口大のざく切りにする。
2 フライパンに**1**を入れ、水1カップ（分量外）を加え、フタをして強めの中火にかける。沸騰したら2分ほど蒸しゆで、上下を返してさらに1～2分蒸しゆでにし、ザルに上げる。
3 ボウルに**A**を混ぜ合わせ、**2**を熱いうちに加えてあえる。

Memo
●蒸しゆでにしたキャベツは水にはさらしません。水っぽい仕上がりになり、栄養も抜けてしまいます

野菜たっぷりポテトサラダ

ゆで卵とたっぷりの野菜をプラスしたごちそうポテサラ。
それぞれの具に下味をつけておくと、味がしっかり決まります

冷蔵 5日

材料（3〜4人分）

新じゃがいも（またはじゃがいも）…中3〜4個（400g）

A
- 酢…小さじ2
- 砂糖…小さじ⅔
- 塩…少し

新玉ねぎ（または玉ねぎ）…¼個
きゅうり…1本
にんじん…⅓本
塩…小さじ¼
ゆで卵…2個

B
- マヨネーズ…大さじ2〜3
- こしょう…少し

つくり方

1 じゃがいもは縦半分に切って2cm厚さに切る。鍋に入れてかぶるくらいの水を注ぎ、塩小さじ1（分量外）を加えて中火にかけ、やわらかくなるまでゆでる。湯を捨てて鍋に戻し入れ、再び中火にかけ、鍋をゆすって表面の水分を飛ばし、粉ふきにする。火を止めて合わせた**A**を加え混ぜ、粗熱を取る。

2 玉ねぎ、きゅうり、にんじんはスライサーなどで薄切りにし、塩をふってもむ。しんなりしたら水洗いして水気をしっかり絞る。

3 ボウルにゆで卵を入れて粗くつぶし、**1**を加えて混ぜる。**2**、**B**を加え、全体をよく混ぜる。

Memo

●野菜の水気は、しっかり絞りましょう。絞り方があまいと時間とともに余分な水分が出て、水っぽくなってしまいます

糸こんにゃくのきんぴら

甘辛で、ツルツルッと食べられて止まらないおいしさ。
ノンオイルで甘さ控えめ。ダイエット中の方にもおすすめです

冷蔵 5日

材料（4人分）

糸こんにゃく…400g

A
- しょうゆ…大さじ2
- 酒、みりん…各大さじ1
- 砂糖…小さじ2
- 顆粒和風だし…小さじ1

B
- いりごま（白）…大さじ1⅓
- 赤唐辛子（輪切り・好みで）…小さじ1（1本分）

つくり方

1 糸こんにゃくは食べやすい長さに切り、熱湯で下ゆでしてアクを抜く。

2 フライパンに**1**を広げ入れ、強めの中火にかけ、から炒りする。水分が飛んだら合わせた**A**を加え、水分がなくなるまで炒りつけ、汁気が少なくなるまで炒りつけ、**B**を加え混ぜる。

Memo

●糸こんにゃくは下ゆでしてからから炒りし、熱いうちに調味料とあえると、味がよくしみて日もちもよくなります

5月

2週目

おしながき

魚料理のある週です。安い塩鮭をじゃがいもと組み合わせ、ボリュームのある洋風おかずに。副菜では、この季節に一度はいただきたいふきの煮物をつくって春の味を楽しみます

サブおかず

ツナとキャベツのサラダ
▶ P.194
冷蔵 5日

めんつゆ味玉
▶ P.195
冷蔵 3日

ふきの煮物
▶ P.195
冷蔵 5日　冷凍 1か月

メインおかず

鶏胸肉とスナップえんどうのオイマヨ炒め
▶ P.192
冷蔵 5日　冷凍 1か月

鮭とじゃがいものしょうゆバター
▶ P.193
冷蔵 5日

豚もも肉となすのとろとろみそ炒め
▶ P.194
冷蔵 5日　冷凍 1か月

食材リスト

肉

鶏胸肉…2枚（約600g）
甘塩鮭（切り身）…4切れ
豚ももかたまり肉…400g

野菜

スナップえんどう…300g
新じゃがいも（またはじゃがいも）
…中3〜4個（400g）
なす…4〜5個
新キャベツ（またはキャベツ）
…小½個
ふき…1束（5〜10本）

その他

ツナ缶（油漬け）
…小2缶（70g×2）
コーン缶（ホール状）
…1缶（190g）
卵…4個

鶏胸肉とスナップえんどうのオイマヨ炒め

スナップえんどうのサクサクとした食感が楽しい、彩り鮮やかな春の炒め物です。しっかりとした味つけなので、ご飯にもお酒にもよく合います

冷蔵 5日　冷凍 1か月

材料（4人分）

鶏胸肉…2枚（約600g）
スナップえんどう…300g
片栗粉…大さじ2
マヨネーズ…大さじ2
A オイスターソース、酒…各大さじ1
　しょうゆ…小さじ1
　一味唐辛子（好みで）…小さじ1/4

つくり方

1 鶏肉はひと口大のそぎ切りにし、片栗粉をまぶす。スナップえんどうは筋を除く。
2 フライパンにマヨネーズを入れて弱火で溶かし、**1**の鶏肉を広げ入れる。フタをして焼き、焼き色がついたら上下を返し、**1**のスナップえんどうを加えてざっと混ぜ、さらに2～3分蒸し焼きにする。
3 **2**に合わせた**A**を加え、1分ほど炒め煮にし、全体をざっと混ぜて味をからめる。

Memo

●鶏胸肉は急激に火をとおすとかたくなってしまいます。できるだけゆっくり、じっくりと焼きましょう。また、火が強いとマヨネーズが焦げてしまうので火加減はずっと弱火で
●お好みの野菜と一緒にレタスで巻いたり、ボリュームサラダの具材としても使えます

冷蔵
5日

鮭とじゃがいものしょうゆバター

下ごしらえいらずの塩鮭とじゃがいもで、さっとつくれます。しょうゆバターの香ばしい香りが食欲をそそり、やみつきになるおいしさです

材料（4人分）
甘塩鮭（切り身）…4切れ
新じゃがいも（またはじゃがいも）…中3〜4個（400g）
片栗粉…大さじ1
バター…20g
粗びきこしょう（黒）…小さじ½
しょうゆ…小さじ2

つくり方

1 鮭は1切れを4等分に切り、片栗粉をまぶす。じゃがいもは皮つきのまま7㎜厚さのいちょう切りにする。

2 フライパンにバターを入れて弱めの中火で溶かし、**1**のじゃがいもを広げ入れて焼く。焼き色がついたら上下を返して**1**の鮭を加え、5〜6分焼いて火をとおし、こしょうをふる。

3 火を止めて、しょうゆを鍋肌から入れてざっと混ぜ合わせる。

Memo

●塩鮭はキッチンバサミを使うと切りやすいです
●ピザ用チーズをのせてオーブントースターで焼いても

豚もも肉となすのとろとろみそ炒め

かたまり肉を切り分けて使うので、食べごたえがあります。とろとろになったなすにみそだれがからんで、コクうまです

材料（4人分）
豚ももかたまり肉…400g
なす…4〜5個
片栗粉…大さじ4
ごま油…大さじ3
だし汁…½カップ
（または水½カップ＋顆粒和風だし小さじ¼）

A
みそ…大さじ2
砂糖、みりん…各大さじ1
しょうゆ…小さじ2

つくり方
1 豚肉は7㎜厚さのひと口大に切る。なすはヘタを除いてひと口大の乱切りにする。ともに片栗粉をまぶす。
2 フライパンにごま油をひき、**1**を並べ入れ、フタをして弱火にかける。肉に焼き色がついたら上下を返し、さらに2〜3分蒸し焼きにする。
3 **2**に合わせた**A**を加え、中火で1〜2分炒め煮にする。

冷蔵 5日　冷凍 1か月

Memo
●ご飯によく合うので、どんぶり仕立てにしても。冷めてもおいしいので、のっけ弁の具材にもどうぞ

ツナとキャベツのサラダ

マヨネーズを使わずにカロリーオフ。黒こしょうをたっぷり加え、スパイシーに仕上げています

材料（4人分）
ツナ缶（油漬け）…小2缶（70g×2）
新キャベツ（またはキャベツ）…小½個
コーン缶（ホール状）…1缶（190g）

A
レモン汁…小さじ2
にんにくのすりおろし（チューブ）…小さじ1
粗びきこしょう（黒）…小さじ½
砂糖…少し

つくり方
1 キャベツは千切りにし、水にさらして水気をしっかり絞る。コーンは缶汁をきる。
2 ボウルに**1**のキャベツを入れ、ツナを缶汁ごと加える。**1**のコーン、**A**を加えて全体をよく混ぜる。

冷蔵 5日

Memo
●ノンオイルのツナ缶を使う場合は、**A**にオリーブオイル大さじ1を加えるとおいしくできます

めんつゆ味玉

密閉できる袋で漬ける、煮ないでつくれる簡単煮卵です。刻んで、ツナとキャベツのサラダにトッピングしても◎

材料（4人分）

卵…4個

めんつゆ（3倍濃縮）…大さじ4

つくり方

1 鍋に卵を入れてひたひたに水を注ぎ、酢適量（水1ℓに対して大さじ1・分量外）を加え、フタをして中火にかける。沸騰したら火を止めてそのまま7分おく。水に取って殻をむく。

2 保存用ポリ袋に1、めんつゆを入れ、空気を抜いて袋の口を閉じる。

冷蔵 3日

Memo

●ゆで卵は口当たりのいいやわらかめ。30分程度で味がつきますが、2時間後くらいからがよりおいしくいただけます

ふきの煮物

独特の香りとほろ苦さに春を感じる大人の煮物。つゆごといただける、だしベースの薄味仕立てです

材料（4人分）

ふき…1束（5～10本）

塩…大さじ2

だし汁…1カップ（または水1カップ＋顆粒和風だし小さじ½）

A

酒…大さじ3

みりん、薄口しょうゆ（またはしょうゆ）…各大さじ1

つくり方

1 ふきは葉を切り落とし、フライパンに入る長さに切り、塩をふって板ずりする。熱湯で4～5分ゆでて水に取り、皮をむいて4～5㎝長さに切りそろえる。

2 フライパンにAを合わせて煮立て、1を入れる。再び煮立ったら弱火で10分ほど煮る。

冷蔵 5日　冷凍 1か月

Memo

●あまり短く切ると、皮をむく回数が増えて面倒です。できるだけフライパンにちょうど入るくらいの長さにしましょう

5月 3週目

おしながき

今週は、家庭料理の定番、肉じゃが&から揚げの2大おかずをつくります。肉じゃがから取りかかり、煮ている間にから揚げを揚げてしまえば、あとは炒めるだけ、あえるだけでOKです

サブおかず

スナップえんどうのごまあえ
▶ P.199
冷蔵 4日 / 冷凍 1か月

キャベツとコーンのコールスロー
▶ P.200
冷蔵 5日

大根のゆかりあえ
▶ P.200
冷蔵 1週間

メインおかず

肉じゃが
▶ P.197
冷蔵 5日

たっぷりレタスのひき肉みそ炒め
▶ P.198
冷蔵 4日 / 冷凍 1か月

ジューシーから揚げ
▶ P.199
冷蔵 5日 / 冷凍 1か月

食材リスト

肉

豚こま切れ肉…200g
豚ひき肉…300g
鶏もも肉…2枚（約600g）

野菜

新じゃがいも（またはじゃがいも）…中4個（500g）
新玉ねぎ（または玉ねぎ）…1個
レタス…1個
スナップえんどう…300g
新キャベツ（またはキャベツ）…1/2個
大根…1/2本

その他

しらたき…1袋（250g）
コーン缶（ホール状）…1缶（190g）
かつお節…小1パック（2.5〜3g）
すりごま（白）…大さじ4
ゆかり…小さじ2

肉じゃが

私の肉じゃがは、安価な豚こまで、色み野菜はあえて使わず、シンプルです。たっぷりのだし汁と酒で煮て、具材のうま味を生かします

冷蔵 **5**日

材料（4人分）

豚こま切れ肉…200g
新じゃがいも（またはじゃがいも）…中4個（500g）
新玉ねぎ（または玉ねぎ）…1個
しらたき…1袋（250g）
サラダ油…大さじ1
A だし汁…1½カップ（または水1½カップ＋顆粒和風だし小さじ⅔）
A 酒…½カップ
B しょうゆ、みりん…各大さじ2

つくり方

1 じゃがいもはひと口大の乱切りにし、水にさらして水気をきる。玉ねぎは繊維に沿って1cm幅の薄切りにする。しらたきは長ければキッチンバサミで食べやすい長さに切り、水気をきって塩小さじ1（分量外）をふってもみ、熱湯で1分ほどゆでて、水気をきる。

2 鍋または厚手のフライパンに**1**のじゃがいも、玉ねぎ、サラダ油を入れて混ぜ、中火にかける。5分ほど焼き、さらに3〜5分炒める。

3 **2**に豚肉、**1**のしらたき、**A**を加え、煮立ったらアクを除いて8〜10分煮る。じゃがいもに火がとおったら**B**を加えてざっと混ぜ、さらに3分ほど煮る。

Memo

- 煮る前に、じゃがいもと玉ねぎをしっかり炒めておくことで、じゃがいもの煮くずれを防ぐとともに、玉ねぎの甘さを引き出します
- 冷めるときに味がしみ込むので、汁気を多めに仕上げ、冷ましながら具材に煮汁を吸わせるとおいしくなります

たっぷりレタスのひき肉みそ炒め

たっぷりのレタスを、肉みそでとろとろの炒め煮にしました。丸々1個をムダなく一度に使いきれ、ご飯がすすむこと請け合いです

冷蔵 4日　冷凍 1か月

材料（4人分）

豚ひき肉…300g
レタス1個
ごま油…小さじ2

A
しょうがのすりおろし（チューブ）…大さじ1
赤唐辛子（輪切り・好みで）…小さじ1（1本分）

B
みそ、みりん、片栗粉…各大さじ2
しょうゆ…大さじ1

酒…大さじ2

つくり方

1 レタスは1枚ずつはがし、4～5cm角にちぎる。

2 フライパンまたは鍋にごま油をひき、**A**を入れ、弱めの中火にかける。香りが立ったらひき肉を加え、ときどきほぐしながら炒める。肉の色が変わったら合わせた**B**を加えてなじませ、**1**の半量を加え混ぜる。

3 **2**に残りの**1**を加えて酒をふり、フタをして蒸し焼きにする。レタスがしんなりしたらフタを取って中火にし、汁気を飛ばしながら味をからめる。

Memo

●レタスは包丁で切るよりも手でちぎった方が、断面がいびつになって味がからみやすくなります。芯に近く、キュッと固まっている部分はよくほぐしておきましょう。固まったままだと、火のとおりが悪くなります

ジューシーから揚げ

下味をしっかりつけて二度揚げにすると、おいしさ長もち。手羽元や手羽先、胸肉でつくっても◎

材料（4人分）

鶏もも肉…2枚（約600g）

A
しょうゆ、みりん
…各大さじ2
にんにくのすりおろし、しょうがのすりおろし
（各チューブ）…各小さじ1

揚げ油…適量

片栗粉…大さじ4

つくり方

1 鶏肉はひと口大に切り、**A**をもみ込んで10分ほどおく。

2 フライパンに揚げ油を深さ2cmほど注いで160〜170℃に熱し、**1**に片栗粉をもみ込んで加え、4〜5分かけて両面をこんがりと揚げ焼きにする。いったん取り出して5分ほど休ませる。

3 油の温度を180〜190℃に上げ、**2**を戻し入れて1分ほど揚げ焼きにする。

冷蔵 5日　冷凍 1か月

Memo

●油の温度を変えて二度揚げにすると、中が生焼けになるなどの失敗もなく、カリッとジューシーに仕上がります

スナップえんどうのごまあえ

みずみずしいスナップえんどうでつくる、簡単あえ物。おかかのうま味とごまの香りがおいしさを引き立てます

材料（4人分）

スナップえんどう…300g

A
かつお節…小1パック（2・5〜3g）
すりごま（白）…大さじ4
しょうゆ…大さじ1

つくり方

1 スナップえんどうは筋を除く。

2 鍋にたっぷりの湯を沸かし、**1**を入れる。再沸騰したらザルに上げて冷まし、斜め半分に切る。

3 ボウルに**A**を混ぜ合わせ、**2**を加えてあえる。

冷蔵 4日　冷凍 1か月

Memo

●あえる際は、菜箸でほぐしながら、ゴムベラでボウルの底からしっかりと混ぜ合わせるとよいです

キャベツとコーンのコールスロー

キャベツとコーンの甘味と食感を生かしたさっぱり味。
から揚げのつけ合わせにもおすすめです

材料（4人分）

新キャベツ（またはキャベツ）…½個
コーン缶（ホール状）…1缶（190g）
塩…大さじ1

A
マヨネーズ、サラダ油…各大さじ2
酢…大さじ1
塩、こしょう…各小さじ½

つくり方

1 キャベツは太めの千切りにし、塩をふり混ぜて10分ほどおく。コーンは缶汁をきる。
2 熱湯に1のキャベツを入れ、10数えたらザルに上げ、水に取って水気をしっかり絞る。
3 ボウルにAを混ぜ合わせ、2、1のコーンを加えてあえる。

冷蔵 5日

Memo
●お好みで、ハムやにんじん、玉ねぎ、きゅうりなどを千切りにして一緒に加えてつくっても

大根のゆかりあえ

生の大根にゆかりの香りを効かせてさっぱりと。
箸休めにもぴったりの、手軽にできる彩りおかずです

材料（4人分）

大根…½本

A
砂糖…小さじ2
塩…小さじ1

B
酢…大さじ2
ゆかり…小さじ2
顆粒昆布だし（または顆粒和風だし）…小さじ1

つくり方

1 大根は皮つきのまま3㎜厚さのいちょう切りにする。Aをふって軽くもみ、20分以上おいて水気をしっかり絞る。
2 ボウルにBを混ぜ合わせ、1を加えてあえる。

冷蔵 1週間

Memo
●下味用調味料をなじませたら少し長めに時間をおき、しっかり水分を抜いておくと味が入りやすくなります

5月

4週目

おしながき

がっつりと食べられる肉おかずのメニューです。主菜がこってり味なので副菜はさっぱりといただける味つけに。メリハリをつけることで組み合わせたときに互いのよさが引き立ちます

メインおかず

鶏胸肉のガーリックマヨ
▶ P.202
冷蔵 5日　冷凍 1か月

鶏もも肉とキャベツのにんにくしょうゆ炒め
▶ P.203
冷蔵 5日　冷凍 1か月

豚こまと玉ねぎのピリ辛オイスターソース炒め
▶ P.203
冷蔵 5日　冷凍 1か月

サブおかず

キャロットラペ
▶ P.204
冷蔵 1週間　冷凍 1か月

青のりポテトサラダ
▶ P.205
冷蔵 5日　冷凍 1か月

ブロッコリーのごまおかかあえ
▶ P.205
冷蔵 5日　冷凍 1か月

食材リスト

肉

鶏胸肉…2枚（約600g）
鶏もも肉…2枚（約600g）
豚こま切れ肉…400g

野菜

新キャベツ（またはキャベツ）…½個
新玉ねぎ（または玉ねぎ）…1個
にんじん…2本
新じゃがいも（またはじゃがいも）…中4〜6個（500〜600g）
ブロッコリー…1株

その他

青のり（または青さ粉）…大さじ2
かつお節…小2パック（5〜6g）
すりごま（白）…大さじ2

鶏胸肉のガーリックマヨ

淡泊な鶏胸肉も、にんにく+マヨネーズで、コクとうま味たっぷりに仕上げると、満足度がアップ。ゆっくり焼くことでやわらかさも格別です

材料（4人分）

鶏胸肉…2枚（約600g）
片栗粉…大さじ2
マヨネーズ…大さじ2

A
めんつゆ（3倍濃縮）…大さじ1⅓
マヨネーズ…大さじ1
にんにくのすりおろし（チューブ）…小さじ1
粗びきこしょう（黒）…小さじ½

つくり方

1 鶏肉はひと口大のそぎ切りにし、片栗粉をまぶす。

2 フライパンにマヨネーズを入れて弱火で溶かし、1を広げ入れる。フタをして焼き、焼き色がついたら上下を返し、さらに5～6分蒸し焼きにする。

3 2に合わせたAを加え、味をからめる。

Memo

●炒め用のマヨネーズは、弱火にかけて周りがふつふつしてきたら、ヘラでのばしながら混ぜるようにすると、なめらかに溶けます
●お好みの野菜と一緒にレタスで巻いて食べても。ボリュームサラダやサンドイッチの具材としても使えます

鶏もも肉とキャベツのにんにくしょうゆ炒め

にんにくを効かせた香ばしいしょうゆ味で、ご飯も野菜ももりもり食べられます。どんぶりにするのもおすすめ！

冷蔵 5日　冷凍 1か月

材料（4人分）

鶏もも肉…2枚（約600g）
新キャベツ（またはキャベツ）…1/2個
片栗粉…大さじ4
サラダ油…小さじ2
酒…大さじ3

A
しょうゆ…大さじ3 1/3
砂糖、みりん…各大さじ1
にんにくのすりおろし（チューブ）…小さじ1
こしょう…小さじ1/4

つくり方

1 鶏肉はひと口大に切り、片栗粉をまぶす。キャベツはひと口大のざく切りにする。

2 フライパンにサラダ油をひき、1の鶏肉を皮目を下にして並べ入れ、弱めの中火にかける。焼き色がついたら上下を返し、1のキャベツを加える。酒をふり、フタをしてキャベツがしんなりするまで6〜7分蒸し焼きにし、ざっと混ぜる。

3 2に合わせたAを加え、味をからめる。

Memo
●仕上げに、お好みでごま油やラー油、バターを加えてもおいしくいただけます
●かた焼きそばやあんかけ焼きそばの具にも

豚こまと玉ねぎのピリ辛オイスターソース炒め

コクもうま味もたっぷりの、こってり味の中華おかずです。新玉ねぎでつくると甘味もいっそう引き立ちます

冷蔵 5日　冷凍 1か月

材料（4人分）

豚こま切れ肉…400g
新玉ねぎ（または玉ねぎ）…1個
片栗粉…大さじ4
ごま油…小さじ2

A
オイスターソース、しょうゆ…各大さじ2
酢、豆板醤…各小さじ1
一味唐辛子（好みで）…小さじ1/4

つくり方

1 豚肉は片栗粉をまぶす。玉ねぎは半分に切り、繊維に沿って5mm幅に切る。

2 フライパンにごま油をひき、1の豚肉を広げ入れ、弱めの中火にかける。焼き色がついたら上下を返し、1の玉ねぎを加えてざっと混ぜる。

3 2に合わせたAを加え、フタをする。煮立ったらフタを取り、汁気を飛ばしながら味をからめる。

Memo
●糸こんにゃくや好みのきのこ類、なす、パプリカ、ピーマンなどを一緒に加えてつくってもおいしいです

冷蔵
1週間

冷凍
1か月

キャロットラペ

鮮やかな彩りが食欲をそそるデリの定番メニュー。酢がとがらないさっぱりとした配合で、確実においしく味が決まるレシピです

材料（4人分）
にんじん…2本
A
酢…大さじ4
オリーブオイル…大さじ2
砂糖…小さじ1
塩、粗びきこしょう（黒）…各小さじ$\frac{1}{4}$

つくり方
1 にんじんは皮つきのままスライサーなどで千切りにする。
2 ボウルに**1**を入れ、合わせた**A**を2〜3回に分けて加え、その都度よくあえる。

Memo
●にんじんは、できるだけ細く切りましょう。チーズおろし器やしりしり器をもっている方は、それでカットした方が切り口がざらざらし、調味液のなじみがよくなります
●酢の半量をレモン果汁に替えると、いっそうさわやかな味わいに仕上がります

青のりポテトサラダ

ポテチ風ののり塩仕立ての、シンプルポテサラ。具材もいろいろアレンジできるから便利です

材料（4人分）

新じゃがいも（またはじゃがいも）…中4〜6個（500〜600g）

A
砂糖、酢…各小さじ2
塩…小さじ½

B
青のり（または青さ粉）、マヨネーズ…各大さじ2
めんつゆ（3倍濃縮）…小さじ2

つくり方

1 じゃがいもは皮つきのまま半分に切る。フライパンに入れてかぶるくらいの水を注ぎ、フタをして強火にかける。沸騰したら弱めの中火にし、竹串がスーッと通るまで15〜20分ゆで、ザルに上げて皮をむく。

2 ボウルに**1**を入れて粗くつぶし、**A**を加えて混ぜながらさらにつぶす。粗熱を取り、**B**を加えてあえる。

冷蔵 5日　冷凍 1か月

Memo

●コーンや玉ねぎ、ハム、ゆで卵などを加えても。味が薄いようならマヨネーズやめんつゆを小さじ½から加えて調整を

ブロッコリーのごまおかかあえ

蒸しゆでにして調味料などをからめるだけ。フライパンの中で作業が完結し、うま味も風味も抜群です

材料（4人分）

ブロッコリー…1株

A
砂糖、しょうゆ…各小さじ1

B
かつお節…小2パック（5〜6g）
すりごま（白）…大さじ2

つくり方

1 ブロッコリーは小房に分け、茎はかたい皮を除いて斜め薄切りにする。

2 フライパンに**1**を入れ、水大さじ4、塩小さじ½（各分量外）をふり混ぜ、フタをして強めの中火にかける。沸騰したら1分ほど蒸しゆでにし、フタを取ってざっと混ぜて水分を飛ばす。火を止めて**A**を順に加えてあえ、**B**をふり混ぜる。

冷蔵 5日　冷凍 1か月

Memo

●余分な水気はかつお節やごまが吸ってくれるので、保存しても味落ちしません
●マヨネーズであえて味変しても

Column

スガさんの主食 最強飯

玄米をベースに、押し麦、大豆を加えて炊き、黒ごまを混ぜたのが「最強飯」。これが私の主食です。かみごたえがあって腹もちがよく、何よりも栄養満点。炊飯器でも圧力鍋でも炊け、パラリとしているので、混ぜご飯、チャーハン、リゾットなどにもよく合います

冷蔵 2日
冷凍 1か月

炊飯器を使って

材料（3合分）
玄米…1合
押し麦…1合
大豆（乾燥）…1合
いりごま（黒）…大さじ3

つくり方

1 玄米、押し麦、大豆は洗ってザルに上げる。

2 炊飯器の内釜に**1**を入れ、白米3合の目盛りまで水（分量外）を注ぎ、ひと晩（6時間以上）浸水させる。

3 普通の炊飯モードで炊き、炊き上がったらごまを加えてさっくりと混ぜる。

圧力鍋を使って

材料（3合分）
玄米…1合
押し麦…1合
大豆（乾燥）…1合
水…3カップ
（かためが好みなら540㎖）
塩…ひとつまみ
いりごま（黒）…大さじ3

つくり方

1 玄米、押し麦、大豆は洗ってザルに上げる。

2 圧力鍋に**1**を入れ、分量の水を注ぐ。塩を加えてざっと混ぜ、ひと晩（6時間以上）浸水させる。

3 フタをして強火にかけ、圧力がかかったら弱火にして10分加圧し、火を止めて自然放置する。

4 表示ピンが下がったらフタを開け、ごまを加えてさっくりと混ぜる。

Summer

夏

梅や酢などを積極的に使い、傷みにくく、
口当たりのよいおかずを多くつくりおきします。
カラフルな夏野菜でビタミンもしっかり
チャージして、暑い夏を乗りきりましょう

6月 1週目

おしながき

日替わりでいろんな味を楽しみたいので、洋風・中華風・和風の3種類のおかずをつくりおきします。副菜はどの主菜にも合うものをつくれば、献立に悩みません

サブおかず

とろとろなすのピリ辛炒り煮
▶ P.211
冷蔵 5日　冷凍 1か月

きゅうりのツナマヨサラダ
▶ P.212
冷蔵 4日

切り干し大根のお手軽煮物
▶ P.212
冷蔵 5日　冷凍 1か月

メインおかず

鶏もも肉とピーマンのハニーマスタード
▶ P.209
冷蔵 5日　冷凍 1か月

鶏胸肉のひと口ピリ辛四川風
▶ P.210
冷蔵 5日　冷凍 1か月

豚こまの梅だれ漬け
▶ P.210
冷蔵 5日　冷凍 1か月

食材リスト

肉

鶏もも肉…2枚（約600g）
鶏胸肉…2枚（約600g）
豚こま切れ肉…400g

野菜

ピーマン…8〜10個
なす…4〜5個
きゅうり…4〜5本
にんじん…1/2本

その他

ツナ缶（油漬けまたはノンオイル）…小2缶（70g×2）
切り干し大根…60g
油揚げ…1枚
梅肉…大さじ1 1/2（梅干し大3個分）
すりごま（白）…大さじ2

鶏もも肉とピーマンのハニーマスタード

ピーマンの苦味と粒マスタードの酸味、はちみつの甘味が、鶏もも肉のうま味とおいしく融合。ご飯にもパンにも合う洋風おかずです

冷蔵 5日

冷凍 1か月

材料（4人分）

鶏もも肉…2枚（約600g）
ピーマン…8〜10個
片栗粉…大さじ2
サラダ油…小さじ2

A
粒マスタード…大さじ2
はちみつ、しょうゆ、酒…各大さじ1

つくり方

1 鶏肉はひと口大に切り、片栗粉をまぶす。ピーマンはヘタと種を除いて3〜4㎝角に切る。

2 フライパンにサラダ油をひき、**1**の鶏肉を皮目を下にして並べ入れ、弱めの中火にかける。焼き色がついたら上下を返し、**1**のピーマンを加えてざっと混ぜる。

3 **2**に合わせた**A**を加え、フタをする。ふつふつしてきたらフタを取り、ひと混ぜして味をからめる。

Memo

●鶏もも肉は焼き縮みするので、少し大きめサイズにカットを。キッチンバサミを使うと、手早く切り分けることができます

鶏胸肉のひと口ピリ辛四川風

豆板醤のシャープな辛さと、とろっとした甘さを組み合わせた止まらなくなる中華風の味つけ。食のすすむ一品です

材料（4人分）

鶏胸肉…2枚（約600g）
片栗粉…大さじ4
サラダ油…大さじ2

A
砂糖…大さじ2
豆板醤、しょうゆ、酒…各大さじ1

つくり方

1 鶏肉はひと口大のそぎ切りにして1・5cm幅に切り、片栗粉をまぶす。
2 フライパンにサラダ油をひき、1を広げ入れ、フタをして中火にかける。焼き色がついたら上下を返し、両面をこんがり焼く。
3 2に合わせたAを加え、味をからめる。

冷蔵 5日　冷凍 1か月

Memo

●辛さに弱い方は、豆板醤の2/3量を甜麺醤に差し替えても。辛さがマイルドになり、コクと甘味が出ます

豚こまの梅だれ漬け

カリッと炒めた豚こまを、梅だれだしに漬け込みました。梅の酸味がほどよく効いた、和テイストのさっぱり味です

材料（4人分）

豚こま切れ肉…400g
片栗粉…大さじ4
サラダ油…小さじ2

A
だし汁…3/4カップ
（または水3/4カップ＋顆粒和風だし小さじ1/3）
梅肉…大さじ1 1/2
（梅干し大3個分）
酢…大さじ1
砂糖…小さじ1

つくり方

1 豚肉は片栗粉をまぶす。
2 フライパンにサラダ油をひき、1を広げ入れ、弱めの中火にかける。焼き色がついたら上下を返し、さらに5～6分焼く。
3 ボウルにAを混ぜ合わせ、2を熱いうちに加えて漬け込む。

冷蔵 5日　冷凍 1か月

Memo

●盛りつける際は、青じそやみょうが、万能ねぎ、しょうがのすりおろしなどの薬味や大根おろしをトッピングしても

とろとろなすのピリ辛炒り煮

お酢のさっぱりした風味と赤唐辛子のピリッとした辛味がアクセントに。ご飯にのせて、お好みで温泉卵を落として食べるのもおすすめです

冷蔵 5日　冷凍 1か月

材料（4人分）
なす…4〜5個
サラダ油…大さじ2
赤唐辛子（輪切り）…小さじ1（1本分）
A
しょうゆ…大さじ1 1/3
砂糖、酒、みりん…各大さじ1
酢…小さじ1

つくり方
1 なすはヘタを除いてひと口大の乱切りにする。
2 フライパンに1、サラダ油、赤唐辛子を入れて混ぜる。フタをして弱火にかけ、6〜7分焼く。フタを取ってざっと混ぜ、合わせたAを加え、3分ほど炒りつける。火を止めてひと混ぜする。

Memo
●なすは大ぶりに切るとジュワーッとしたおいしさが堪能できます
●油をしっかりからめてから弱火でじっくり焼くのが、均一に火をとおし、ムラなくおいしく仕上げるコツです
●いただく際は、温め直しても、冷たいままでも、どちらでもおいしくいただけます

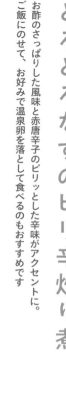

きゅうりのツナマヨサラダ

薄切りにしたきゅうりを塩もみし、調味料とあえるだけ。ツナを加えることで、うま味と食べごたえがアップします

材料（4人分）

きゅうり…4～5本
塩…小さじ1
ツナ缶（油漬けまたはノンオイル）…小2缶（70g×2）

A
すりごま（白）…大さじ2
マヨネーズ…大さじ1
しょうゆ、酢…各小さじ2

つくり方

1 きゅうりは1～2㎜厚さの斜め薄切りにし、塩をふってもみ、10分ほどおく。

2 ボウルにツナを缶汁ごと入れ、Aを加えて混ぜる。1の水気をしっかり絞って加え、あえる。

冷蔵 4日

Memo
●きゅうりはギュウギュウもむ必要はありません。塩を全体に行き渡らせることを意識し、あとは放置しておきましょう

切り干し大根のお手軽煮物

あるとうれしい定番メニュー。切り干し大根の甘味とうま味を生かして薄味に。食物繊維も補給できます

材料（4人分）

切り干し大根…60g
にんじん…1/2本
油揚げ…1枚

A
だし汁…1 1/2カップ
（または水1 1/2カップ＋顆粒和風だし小さじ2/3）
酒…大さじ2
しょうゆ…大さじ1 1/3

つくり方

1 切り干し大根はザルに入れて流水で洗い、絞らずにそのままおいておく。にんじんは皮つきのまま4～5㎝長さの細切りにする。油揚げは縦半分に切って1・5㎝幅に切り、熱湯を回しかけて油抜きをする。

2 フライパンに1、Aを入れて全体をならし、フタをして中火にかける。煮立ったら弱火で7～8分煮、しょうゆを加え混ぜてひと煮する。

冷蔵 5日
冷凍 1か月

Memo
●しょうゆは長く煮ると香りが飛んでしまうのであとから加え、ひと煮立ちのタイミングで火を止めましょう

6月 2週目

おしながき

高タンパクでヘルシー。家計にも体にも優しい鶏胸肉をまとめ買いして主菜をつくります。2週続きとなる切り干し大根はサラダにすれば目先も変わり、飽きずに食べられます

サブおかず

切り干し大根のカレーマヨサラダ
▶ P.216
冷蔵 5日 冷凍 1か月

じゃがいもの梅マリネ
▶ P.217
冷蔵 1週間

ズッキーニの焼きびたし
▶ P.217
冷蔵 5日 冷凍 1か月

メインおかず

鶏胸肉の洋風南蛮漬け
▶ P.214
冷蔵 1週間 冷凍 1か月

豚こまとパプリカのポークチャップ
▶ P.215
冷蔵 5日 冷凍 1か月

鶏胸肉とキャベツの甘辛蒸し煮
▶ P.216
冷蔵 5日 冷凍 1か月

食材リスト

肉

鶏胸肉…4枚（約1.2kg）
豚こま切れ肉…300g

野菜

玉ねぎ…½個
にんじん…½本
セロリ…½本
パプリカ（赤、黄）…各1個
キャベツ…½個
じゃがいも…3〜4個（400g）
ズッキーニ…2本
にんにく…1かけ

その他

切り干し大根…60g
白ワイン（または酒）…1カップ
梅肉…大さじ1（梅干し大2個分）

冷蔵 1週間
冷凍 1か月

6月 2週目

鶏胸肉の洋風南蛮漬け

南蛮漬けの洋風版「エスカベッシュ」を、手軽で安価な鶏胸肉でつくります。香味野菜をじっくり加熱することでうま味を引き出すのがポイントです

材料（4人分）

鶏胸肉…2枚（約600g）
塩…小さじ1
片栗粉…大さじ3
玉ねぎ…½個
にんじん…½本
セロリ…½本
にんにく…1かけ
オリーブオイル…大さじ3
赤唐辛子（輪切り）…小さじ1（1本分）
白ワインビネガー（または酢）…½カップ
白ワイン（または酒）…1カップ
A
砂糖…大さじ1
塩、こしょう…各小さじ¼

つくり方

1 鶏肉はひと口大のそぎ切りにし、塩をふって片栗粉をまぶす。玉ねぎは薄切り、にんじんは皮つきのまま千切り、セロリは斜め薄切り、にんにくはみじん切りにする。

2 フライパンにオリーブオイル大さじ2をひき、**1**の鶏肉を広げ入れ、弱火にかける。焼き色がついたら上下を返し、両面をこんがり焼く。

3 別のフライパンに残りのオリーブオイル、**1**のにんにく、赤唐辛子を入れ、弱めの中火にかける。香りが立ったら**1**の玉ねぎ、にんじん、セロリを加えて炒める。野菜がしんなりしたら白ワインビネガーを加え、煮立ったら白ワインを加えてひと煮立ちさせ、**A**で味をととのえる。

4 **3**の粗熱を取り、**2**を加えて漬け込む。

Memo

●白身魚や豆あじでつくってもおいしいです。白身魚（切り身3切れ）を3〜4等分に切り、片栗粉をまぶしてフライパンで焼き、南蛮酢に漬けます。豆あじの場合は、下処理した約10尾に片栗粉をまぶして低温の油でじっくりと揚げ、同様に漬けましょう

豚こまとパプリカのポークチャップ

ケチャップとウスターソースのほどよい酸味と甘味がどこか懐かしい味。パプリカは2色使いにすることで、いっそう華やかに仕上がります

冷蔵 5日
冷凍 1か月

材料（4人分）

豚こま切れ肉…300g
パプリカ（赤、黄）…各1個
片栗粉…大さじ3
サラダ油…小さじ2
A ┌ トマトケチャップ、ウスターソース…各大さじ2
 └ しょうゆ、酒…各小さじ2

つくり方

1 豚肉は片栗粉をまぶす。パプリカはヘタと種を除いて縦1・5㎝幅に切る。
2 フライパンにサラダ油をひき、**1**の豚肉を広げ入れ、弱めの中火にかける。焼き色がついたら上下を返し、**1**のパプリカを加えてざっと混ぜる。
3 **2**に合わせた**A**を加え、フタをする。ふつふつしてきたらフタを取り、汁気を飛ばしながら味をからめる。

Memo

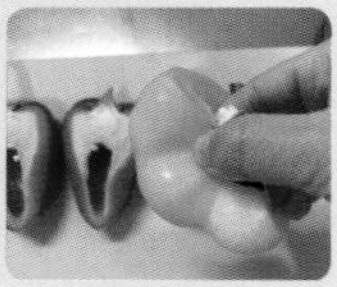

●パプリカは縦半分に切ったら、親指でヘタの周りを押すようにすると、種ごとパキッと取れます。大きいものは長さを半分にして

鶏胸肉とキャベツの甘辛蒸し煮

基本調味料だけの簡単味つけ。下ごしらえをしたらほとんどほったらかしでつくれ、野菜もたっぷり食べられます

冷蔵 5日　冷凍 1か月

材料（4人分）

鶏胸肉…2枚（約600g）
キャベツ…1/2個
片栗粉…大さじ4
サラダ油…小さじ2
酒…大さじ3
A
しょうゆ…大さじ3
みりん…大さじ2

つくり方

1 鶏肉はひと口大のそぎ切りにし、片栗粉をまぶす。キャベツはひと口大のざく切りにする。

2 フライパンにサラダ油をひき、**1**の鶏肉を広げ入れ、フタをして弱火にかける。焼き色がついたら上下を返し、**1**のキャベツを加える。酒をふり、さらに7〜8分蒸し煮にする。

3 **2**に合わせた**A**を加え、味をからめる。

Memo
●玉ねぎや長ねぎ、好みのきのこ類、にんじんなどを一緒に加えてつくれば、さらに野菜がたくさん食べられます

切り干し大根のカレーマヨサラダ

切り干し大根を洗ってあえるだけで完成する、簡単サラダ。煮物とは違う、コリコリした食感がやみつきに！

冷蔵 5日　冷凍 1か月

材料（4人分）

切り干し大根…60g
A
マヨネーズ、オリーブオイル…各大さじ1
カレー粉、しょうゆ…各小さじ1
顆粒洋風だし、パセリ（乾燥・好みで）…各小さじ1/2

つくり方

1 切り干し大根はザルに入れて流水で洗い、絞らずにそのままおいておく。

2 ボウルに**A**を混ぜ合わせ、**1**の水気を絞ってよくほぐして加え、しっかり混ぜ合わせる。

Memo
●切り干し大根独特のにおいや風味が苦手なら、熱湯でさっとゆでてから流水で洗うとよいです

じゃがいもの梅マリネ

千切りにしてマリネにしたじゃがいもは、さっぱりシャキシャキ。梅風味の初夏向きの味です

冷蔵 1週間

材料（4人分）

じゃがいも…3〜4個（400g）

A
- ごま油、酢…各大さじ1
- 梅肉…大さじ1（梅干し大2個分）
- 顆粒昆布だし（または顆粒和風だし）…小さじ2

つくり方

1 じゃがいもは皮つきのままスライサーなどで千切りにする。

2 鍋にたっぷりの湯を沸かし、**1**を入れる。再沸騰したらザルに上げて流水で洗い、水気をしっかり絞る。

3 ボウルに**A**を混ぜ合わせ、**2**を加えてあえる。

Memo

●じゃがいもは食感を残すようにさっとゆでで、麺を洗う要領でしっかりと洗い、ぬめりを落とすことがポイントです

ズッキーニの焼きびたし

私のいちばん好きなズッキーニの食べ方です。めんつゆを使うと味つけ簡単。速攻でつくれます

冷蔵 5日　冷凍 1か月

材料（4人分）

ズッキーニ…2本

オリーブオイル（またはサラダ油）…大さじ2

A
- 水…½カップ
- めんつゆ（3倍濃縮）…¼カップ

つくり方

1 ズッキーニは1・5㎝厚さの輪切りにする。

2 フライパンに**1**、オリーブオイルを入れて混ぜ、フタをして弱めの中火にかける。軽く焼き色がついたら上下を返し、さらに2〜3分蒸し焼きにする。

3 **2**に合わせた**A**を加え、1分ほど煮る。

Memo

●盛りつける際に、大根おろしやしょうがのすりおろし、青じその千切りなどをトッピングしてもおいしいです

6月

3週目

おしながき

梅雨入りしてじめじめと
した日が続くと、
さっぱりしたものが
食べたくなります。
梅や酢を使った
酸味の効いたおかずを
多めにつくりおきして
心身共にリフレッシュ！

サブおかず

高野豆腐の梅含め煮
▶ P.221
冷蔵 5日　冷凍 1か月

なすのとろとろ南蛮
▶ P.222
冷蔵 5日　冷凍 1か月

パプリカと玉ねぎのツナマリネ
▶ P.222
冷蔵 5日　冷凍 1か月

メインおかず

蒸し鶏の梅あえ
▶ P.219
冷蔵 5日　冷凍 1か月

鶏胸肉とピーマンのカレー炒め
▶ P.220
冷蔵 5日　冷凍 1か月

豚こまとキャベツのオイスターソース炒め
▶ P.221
冷蔵 5日　冷凍 1か月

食材リスト

肉

鶏胸肉…4枚
（約1.1～1.2kg）
豚こま切れ肉…300g

野菜

長ねぎの青い部分…1本分
みょうが…4個
青じそ…10枚
ピーマン…8～10個
キャベツ…½個
なす…4～5個
パプリカ（赤、黄）…各1個
玉ねぎ…½個
しょうが（皮ごと薄切り）…3～4枚

その他

昆布（5～6cm）…1枚
高野豆腐（ひと口サイズ）
…16個
ツナ缶（油漬け）
…小1缶（70g）
梅肉…大さじ3
（梅干し大6個分）
梅じそ（好みで）
…小さじ1

蒸し鶏の梅あえ

フライパンでつくる簡単蒸し鶏に、みょうがと青じそを加えて梅ソースであえました。さっぱり&うま味たっぷりで、食欲がないときでもおいしくいただけます

Memo

●蒸し鶏は、香味野菜と昆布で酒蒸しにすることにより、臭みが消えてうま味が増します

●梅ソースに、蒸し鶏をつくるときに出た蒸し汁を加えることで、まろやかなおいしさになります

冷蔵 5日

冷凍 1か月

材料（4人分）

鶏胸肉…2枚（500〜600g）

A
- 長ねぎの青い部分…1本分
- しょうが（皮ごと薄切り）…3〜4枚
- 昆布（5〜6cm）…1枚
- 酒、水…各½カップ

みょうが…4個

青じそ…10枚

B
- だし汁、酒…各大さじ2
- しょうゆ、みりん…各小さじ2

梅肉…大さじ2（梅干し大4個分）

つくり方

1 フライパンに鶏肉を並べ入れ、Aを加え、フタをして弱火にかける。沸騰したら7〜8分蒸しゆでにする。火を止めて、そのまま粗熱を取る。みょうがは縦半分に切って千切り、青じそは小さく切る。

2 小鍋に1の蒸し汁大さじ2、Bを合わせて中火にかけ、ひと煮立ちしたら火を止めて梅肉を加え混ぜる。

3 1の鶏肉をほぐしてボウルに入れ、1のみょうが、青じそ、2を加えてあえる。食べるときに青じそ（分量外）を添えても。

鶏胸肉とピーマンのカレー炒め

スパイシーなカレー味が食欲をそそる、大好評の炒め物です。ほろ苦いピーマンの香りがアクセントになり、たっぷり食べられます

冷蔵 5日　冷凍 1か月

材料（4人分）
鶏胸肉…2枚（約600g）
ピーマン…8〜10個
片栗粉…大さじ2
サラダ油…小さじ2

A
- カレー粉…大さじ1⅓
- しょうゆ、トマトケチャップ…各大さじ1
- にんにくのすりおろし（チューブ）、顆粒鶏ガラスープ…各小さじ1
- 粉唐辛子（好みで）…小さじ¼

つくり方

1 鶏肉はひと口大のそぎ切りにし、片栗粉をまぶす。ピーマンはヘタと種を除いて3〜4㎝角に切る。

2 フライパンにサラダ油をひき、1の鶏肉を広げ入れ、フタをして弱火にかける。焼き色がついたら上下を返し、1のピーマン、合わせたAを加えてざっと混ぜ、さらに3〜4分蒸し焼きにする。フタを取り、汁気を飛ばしながら味をからめる。

Memo

●最後にフタを取り、汁気が飛ぶまで炒め合わせて仕上げると、味がしっかりとからんで日もちもよくなるので安心です

豚こまとキャベツのオイスターソース炒め

豚肉とキャベツだけでできる、スピード中華です。こっくりとした味つけで、ご飯のおかずにぴったり！

材料（4人分）

豚こま切れ肉…300g
キャベツ…½個
片栗粉…大さじ3
ごま油…小さじ2
酒…大さじ3

A
しょうゆ、オイスターソース…各大さじ2
しょうがのすりおろし（チューブ）…大さじ1
酢…小さじ1

つくり方

1 豚肉は片栗粉をまぶす。キャベツはひと口大のざく切りにする。
2 フライパンにごま油をひき、1の豚肉を広げ入れ、弱めの中火にかける。焼き色がついたら上下を返し、1のキャベツを加える。酒をふり、フタをしてキャベツがしんなりするまで4～5分蒸し焼きにし、ざっと混ぜる。
3 2に合わせたAを加え、味をからめる。

冷蔵 5日　冷凍 1か月

Memo
●調味料を加えたら手早くからめましょう。時間をかけると、キャベツからどんどん水分が出てしまいます

高野豆腐の梅含め煮

さっぱり味の含め煮です。梅干しをたたいてつくるとほんのりピンク色に仕上がり、冷たいまま食べても美味

材料（4人分）

高野豆腐（ひと口サイズ）…16個

A
だし汁…3カップ（または水3カップ＋顆粒和風だし小さじ1¼）
みりん…大さじ1

梅肉…大さじ1（梅干し大2個分）
梅じそ（好みで）…小さじ1

つくり方

鍋にAを合わせて煮立て、高野豆腐を戻さずそのまま入れ、弱火で3～4分煮る。梅肉、梅じそを加えてさらに7～8分煮る。

冷蔵 5日　冷凍 1か月

Memo
●普通サイズのものを使う場合は4個分で、水にひたして戻してから1個を4つに切ります

なすのとろとろ南蛮

片栗粉をまぶして焼くので、南蛮酢がよくからみます。旬を迎えたなすの大量消費にもおすすめです

材料（4人分）

なす…4～5個
片栗粉…大さじ2
ごま油…大さじ3

A
水…½カップ
しょうゆ、酢…各大さじ1⅓
砂糖…大さじ1
顆粒鶏ガラスープ…小さじ1
赤唐辛子（輪切り・好みで）…小さじ1（1本分）

つくり方

1 なすはヘタを除いて1・5㎝厚さの斜め切りにし、水気をふいて片栗粉をまぶす。

2 フライパンにごま油をひき、**1**を広げ入れ、中火にかける。6～7分したら一度混ぜ、さらに4～5分焼く。

3 **2**に合わせた**A**を加え、1分ほど味をからめる。

冷蔵 5日　冷凍 1か月

Memo

●なすを焼く際は、できるだけ放置しましょう。むやみにいじると火のとおりが悪くなり、片栗粉もはがれてしまいます

パプリカと玉ねぎのツナマリネ

ツナ缶の油を利用してつくる、彩り華やかなマリネ。キンキンに冷やして食べるのが最高です

材料（4人分）

パプリカ（赤、黄）…各1個
玉ねぎ…½個
ツナ缶（油漬け）…小1缶（70g）

A
酢…大さじ2
砂糖…小さじ1
粗びきこしょう（黒）…小さじ¼

つくり方

1 パプリカはヘタと種を除いて縦1・5㎝幅に切る。玉ねぎは1・5㎝厚さのくし形に切る。

2 フライパンに**1**を入れ、ツナを缶汁ごと加える。**A**を加えて全体を混ぜ、フタをして弱めの中火にかける。蒸気が上がったらざっと混ぜ、さらに5～6分蒸し焼きにする。

冷蔵 5日　冷凍 1か月

Memo

●パンにはさんで食べたり、ピザ用チーズをかけて焼いても。オープンオムレツやココットの具材としても活用できます

6月

4週目

おしながき

今週は、つくり慣れた定番おかずを、この時季だから使いたい食材や味つけの工夫で夏向きにアレンジします。副菜では、安くなったピーマンをおいしく味わえるおかずも！

サブおかず

玉ねぎのレモンマリネ
▶ P.226
冷蔵 1週間

春雨と香味野菜のサラダ
▶ P.227
冷蔵 1週間

ピーマンのオリーブオイル焼き
▶ P.227
冷蔵 5日　冷凍 1か月

メインおかず

あっさり照り焼きチキン
▶ P.224
冷蔵 5日　冷凍 1か月

麻婆ズッキーニ
▶ P.225
冷蔵 5日　冷凍 1か月

鶏胸肉のマヨポン炒め
▶ P.225
冷蔵 5日　冷凍 1か月

食材リスト

肉

鶏もも肉
…2枚（約600g）
豚ひき肉…200g
鶏胸肉
…2枚（約600g）

野菜

ズッキーニ…3本
長ねぎ…1本
玉ねぎ…2個
レモン…1個
青じそ…10枚
みょうが…2個
万能ねぎ…½束
ピーマン…8個
にんにく…2かけ
しょうが…1かけ

その他

春雨…50g
いりごま（白）
…大さじ1

あっさり照り焼きチキン

冷めても驚きのジューシーさ。隠し味に酢を加えることで夏向きのあっさり味に仕上げつつ、コクもたっぷりです

冷蔵 5日
冷凍 1か月

材料（4人分）
鶏もも肉…2枚（約600g）
A
しょうゆ、酒、みりん…各大さじ2
砂糖、酢…各小さじ2

つくり方
1 鶏肉は筋切りをし、皮目にフォークで穴をあける。
2 フライパンに1を皮目を下にして並べ入れ、中火にかける。皮がこんがり焼けたら上下を返し、余分な脂をふき取る。
3 2に合わせたAを加え、弱火で7〜8分焼く。たれにとろみがついたら強めの中火にし、肉の上下を返しながら味をからめる。

Memo
●皮目にフォークを刺してまんべんなく穴をあけておくと、焼き縮みが防げ、味のしみ込みもよくなります
●マヨネーズをかけて食べてもおいしいです
●たっぷりの野菜と合わせておかずサラダにしたり、サンドイッチの具やお弁当のおかずにするのもおすすめ

麻婆ズッキーニ

夏野菜のズッキーニでつくる、麻婆レシピです。油少なめでつくるのでヘルシー。あっさりして食べやすいです

材料（4人分）

豚ひき肉…200g
ズッキーニ…3本
ごま油…小さじ2
甜麺醤（または赤みそ）…大さじ1

A
長ねぎ（粗みじん切り）…1本
にんにくのすりおろし、しょうがのすりおろし（各チューブ）…各小さじ1

B
豆板醤、一味唐辛子（好みで）…各小さじ1

C
水…1/2カップ
酒（または紹興酒）…大さじ1
しょうゆ…小さじ2
顆粒鶏ガラスープ、砂糖…各小さじ1

D
水…小さじ2
片栗粉…小さじ1

つくり方

1 ズッキーニはひと口大の乱切りにする。

2 フライパンにごま油をひき、ひき肉を広げ入れ、中火にかける。ときどきほぐしながら炒め、肉の色が変わったら弱火にし、甜麺醤を加えてなじませる。Aを加えて炒め、香りが立ったらBを加え混ぜる。

3 2に1を加えてざっと混ぜ、合わせたCを加える。煮立ったらフタをして中火で4〜5分煮、フタを取ってDの水溶き片栗粉でとろみをつける。

冷蔵5日　冷凍1か月

Memo
●いろんな夏野菜が合う味つけなので、お好みでピーマンやパプリカ、なすなどを加えてアレンジしてもおいしいです

鶏胸肉のマヨポン炒め

コクのあるマヨネーズとさっぱりとしたポン酢が絶妙のハーモニー。大根おろしをのせて食べても◎

冷蔵5日　冷凍1か月

材料（4人分）

鶏胸肉…2枚（約600g）
片栗粉…大さじ3
サラダ油…大さじ1

A
マヨネーズ…大さじ3
ポン酢しょうゆ…大さじ1 1/3
酒…大さじ1

つくり方

1 鶏肉はひと口大のそぎ切りにし、片栗粉をまぶす。

2 フライパンにサラダ油をひき、1を広げ入れ、フタをして弱火にかける。焼き色がついたら上下を返し、両面をこんがり焼く。

3 2に合わせたAを加え、味をからめる。

Memo
●玉ねぎや長ねぎ、好みのきのこを加えても。味が薄く感じたら、マヨネーズやポン酢を小さじ1/2から加えて調整を

玉ねぎのレモンマリネ

レモンの酸味が玉ねぎの辛味をカバーして、さっぱりと食べられます。
ソースのように照り焼きチキンにかけたり、あえ物や炒め物に加えても◎

冷蔵 1週間

材料（4人分）
玉ねぎ…2個
塩…小さじ½
レモン…1個
A
オリーブオイル…大さじ2
砂糖…小さじ1
粗びきこしょう（黒）…適量

つくり方
1 玉ねぎはスライサーなどで薄切りにし、塩をふってもみ、10分ほどおく。レモンはスライサーなどで薄い輪切りにする。
2 **1**の玉ねぎの水気を絞ってボウルに入れ、**1**のレモン、**A**を加えてあえる。

Arrange

塩、こしょうをした豚ロース厚切り肉をフライパンに並べ、弱めの中火で両面5分ずつ焼く。食べやすく切り、同量の玉ねぎのレモンマリネとあえる。

春雨と香味野菜のサラダ

香味野菜をぜいたくに使った、風味満点のサラダです。低カロリーなのに食べごたえがあり、おなかも大満足！

材料（4人分）
春雨…50g
青じそ…10枚
みょうが…2個
しょうが…1かけ
万能ねぎ…1/2束
A
めんつゆ（3倍濃縮）…大さじ3
酢…大さじ1 1/2
いりごま（白）…大さじ1

つくり方
1 春雨は熱湯でかためにゆでて戻し、ザルに上げて流水で洗い、水気を絞る。青じそ、みょうが、しょうがは千切りにし、万能ねぎは小口切りにする。
2 ボウルにAを混ぜ合わせ、1を加えてあえる。

冷蔵 1週間

Memo
●レタスなどの葉野菜にのせるなど、具だくさんの和風サラダドレッシングとしても活用できます

ピーマンのオリーブオイル焼き

ピーマンを大胆に丸ごと焼いて、うま味と甘味を凝縮。中までじっくり火をとおすから、種ごといただけます

冷蔵 5日　冷凍 1か月

材料（4人分）
ピーマン…8個
にんにく…2かけ
オリーブオイル…大さじ1 1/3
赤唐辛子（種を除く・好みで）…2本
塩…小さじ1

つくり方
1 にんにくは半分に切る。
2 フライパンにオリーブオイル、ピーマン、1、赤唐辛子を入れ、塩を加えて混ぜる。フタをして弱火にかけ、9分ほど焼く。上下を返してさらに6分ほど蒸し焼きにする。

Memo
●一緒に蒸し焼きにしたにんにくは、ホクホクとしてにおいもなく、こちらもおいしくいただけます

7月 1週目

おしながき

こってりとした肉おかずを多くしたので、副菜はさっぱり味にしてメリハリをつけます。旬のトマトやひじきをふんだんに使ってビタミンやミネラルもしっかり補給します

サブおかず

ミニトマトのマリネ
▶ P.231
冷蔵 5日

ひじきとちくわの梅炒め
▶ P.232
冷蔵 5日　冷凍 1か月

ズッキーニの塩昆布あえ
▶ P.232
冷蔵 4日　冷凍 1か月

メインおかず

鶏胸肉ときゅうりのピリ辛オイスター炒め
▶ P.229
冷蔵 5日　冷凍 1か月

豚こまの南蛮漬け
▶ P.230
冷蔵 5日　冷凍 1か月

鶏胸肉のガリバタチキン
▶ P.230
冷蔵 5日　冷凍 1か月

食材リスト

肉

鶏胸肉…4枚（約1.2kg）
豚こま切れ肉…400g

野菜

きゅうり…4～5本
玉ねぎ…1/2個
ミニトマト…2パック
ズッキーニ…2本
しょうが…大1かけ

その他

ひじき（乾燥）…15g
ちくわ…8～10本
かつお節…小3パック（7.5～9g）
塩昆布…10g
梅肉…大さじ1（梅干し大2個分）
いりごま（白）…大さじ1

鶏胸肉ときゅうりのピリ辛オイスター炒め

きゅうりは、炒めてもシャキッとした歯ごたえが残っておいしいんです。豆板醤でピリッと辛味を効かせた、コクうま味がたまりません

冷蔵 5日　冷凍 1か月

材料（4人分）

鶏胸肉…2枚（約600g）
きゅうり…4〜5本
片栗粉…大さじ2
ごま油…小さじ2

A
しょうゆ、オイスターソース…各大さじ2
酢…大さじ1
豆板醤…小さじ2〜大さじ1
赤唐辛子（輪切り・好みで）…小さじ1（1本分）

つくり方

1 鶏肉はひと口大のそぎ切りにし、片栗粉をまぶす。きゅうりは縦4つ割りにし、種の部分を除いて3〜4cm長さの斜め切りにする。

2 フライパンにごま油をひき、**1**の鶏肉を広げ入れ、フタをして弱めの中火にかける。焼き色がついたら上下を返し、両面をこんがり焼く。**1**のきゅうりを加えてざっと混ぜる。

3 **2**に合わせた**A**を加え、再びフタをして2〜3分蒸し焼きにする。フタを取ってひと混ぜし、味をからめる。

Memo

●きゅうりは種の部分を取り除くことで、でき上がりが水っぽくなることを防ぎます
●合わせ調味料に、長ねぎのみじん切りやにんにくのすりおろし、花椒、ラー油を加えてもおいしいです

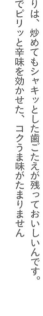

豚こまの南蛮漬け

カリッと焼いた豚肉と、甘酸っぱい南蛮酢の相性が抜群。漬け込んで冷やしておくと味がしみて、よりおいしくなります

材料（4人分）
豚こま切れ肉…400g
片栗粉…大さじ4
玉ねぎ…½個
サラダ油…大さじ3

A
だし汁…¾カップ（または水¾カップ＋顆粒和風だし小さじ⅓）
酢…大さじ3
砂糖、しょうゆ…各大さじ2
しょうがのすりおろし（チューブ）…大さじ1
赤唐辛子（輪切り）…小さじ1（1本分）

つくり方
1 豚肉は片栗粉をまぶす。玉ねぎは薄切りにする。
2 フライパンにサラダ油をひき、1の豚肉を広げ入れ、弱めの中火にかける。焼き色がついたら上下を返し、さらに2～3分焼く。
3 2に1の玉ねぎ、合わせたAを加え、中火で1分ほど煮る。

冷蔵 5日　冷凍 1か月

Memo
●玉ねぎは火をとおして甘味と香りを引き出します。生のままと比べて、保存性も高まります

鶏胸肉のガリバタチキン

にんにく風味のバターじょうゆが食欲をかきたてます。少し甘めの味つけが、淡泊な胸肉によく合います

材料（4～5人分）
鶏胸肉…2枚（約600g）
片栗粉…大さじ2
サラダ油…小さじ2

A
しょうゆ…大さじ1⅓
砂糖、みりん…各大さじ1
にんにくのすりおろし（チューブ）…小さじ1
粗びきこしょう（黒）…小さじ½

バター…20g

つくり方
1 鶏肉はひと口大のそぎ切りにし、片栗粉をまぶす。
2 フライパンにサラダ油をひき、1を広げ入れ、フタをして弱火にかける。焼き色がついたら上下を返し、両面をこんがり焼く。
3 2に合わせたA、バターを加え、味をからめる。

冷蔵 5日　冷凍 1か月

Memo
●ピーマンやニラ、好みのきのこなどを加えても。味が薄く感じるようであれば、しょうゆを小さじ½から加えて調整を

ミニトマトのマリネ

真っ赤に熟した旬のトマトの栄養とおいしさを、目いっぱい味わう一品です。ガリバタチキンに添えたり、ソースのように上からかけて食べるのもおすすめ

冷蔵
5日

材料（4人分）
ミニトマト…2パック

A
かつお節…小2パック（5～6g）
しょうが（千切り）…大1かけ
しょうゆ、酢…各大さじ3
砂糖…大さじ1½

つくり方
1 ミニトマトはヘタを除いて2～4等分に切る。
2 ボウルに**A**を混ぜ合わせ、**1**を加えてあえる。

Memo
●ヘタの周りに雑菌がたまりやすいので、必ずヘタを取ってから洗いましょう。また、余分な水気が残っていると傷みやすいため、水気をしっかりふき取ることもポイントです
●オリーブオイルを塗ったバゲットにのせると、ブルスケッタ風になります

ひじきとちくわの梅炒め

油との相性がいいひじきは、炒め物にするのもおすすめ。梅肉入りの、夏向きのさっぱりとした味つけです

材料（4人分）

ひじき（乾燥）…15g
ちくわ…8～10本
サラダ油…小さじ2

A
梅肉…大さじ1（梅干し大2個分）
みりん…大さじ1
しょうゆ…小さじ1

いりごま（白）…大さじ1
かつお節…小1パック（2・5～3g）

つくり方

1 ひじきはたっぷりの水に10～15分つけて戻し、ザルに上げて水気をきる。ちくわは5㎜厚さの斜め切りにする。

2 フライパンにサラダ油を中火で熱し、**1**のちくわを広げ入れ、1～2分炒める。**1**のひじき、合わせた**A**を加え、さらに1分ほど炒める。

3 **2**にごま、かつお節を加えてひと炒めする。

冷蔵 5日　冷凍 1か月

Memo
●梅肉に使う梅干しは、はちみつ漬けを使ってもOK。よりマイルドな味に仕上がります

ズッキーニの塩昆布あえ

味つけは塩昆布とごま油だけ。うま味たっぷりの味わいで箸休めや酒の肴にもぴったりの一品です

材料（4人分）

ズッキーニ…2本

A
塩昆布…10g
ごま油…大さじ1

つくり方

1 ズッキーニは3㎜厚さの半月切りにする。

2 鍋にたっぷりの湯を沸かし、**1**を入れる。再沸騰したらザルに上げ、水に取って水気をしっかり絞る。

3 ボウルに**A**を混ぜ合わせ、**2**を加えてあえる。

冷蔵 4日　冷凍 1か月

Memo
●ズッキーニはさっとゆでることで余分な水分が抜け、わざわざ塩もみしなくても味がしっかりなじみます

7月 2週目

おしながき

日ごとに増す暑さ対策に
疲労回復効果の高い
酸っぱいおかずに加えて
ニンニクを効かせた
パンチのある
おかずもつくりおき。
もりもり食べて
スタミナを増強します

サブおかず

ゴーヤの香味あえ
▶ P.236
冷蔵 5日

ガーリックコンソメポテト
▶ P.237
冷蔵 5日

キャベツのあっさりピクルス
▶ P.237
冷蔵 1週間　冷凍 1か月

メインおかず

鶏もも肉となすのさっぱり焼き
▶ P.234
冷蔵 5日　冷凍 1か月

鶏胸肉のマヨ照り焼き
▶ P.235
冷蔵 5日　冷凍 1か月

豚こまと玉ねぎのスタミナ黒こしょう炒め
▶ P.235
冷蔵 5日　冷凍 1か月

食材リスト

肉

鶏もも肉…2枚（約600g）
鶏胸肉…2枚（約600g）
豚こま切れ肉…400g

野菜

なす…4〜5個
玉ねぎ…1個
ゴーヤ…2本
長ねぎ…1本
じゃがいも…中4〜6個（500〜600g）
キャベツ…½個
しょうが…大1かけ

その他

かつお節
…小2パック（5〜6g）

7月 2週目

鶏もも肉となすのさっぱり焼き

酢を少し加えた甘酸っぱい味つけで、食欲のないときでもペロリ。なすは時間がたつほどうま味を吸って、とろんとした口当たりになります

冷蔵 5日　冷凍 1か月

材料（4人分）

鶏もも肉…2枚（約600g）

なす…4〜5個

片栗粉…大さじ4

サラダ油…大さじ2

A
しょうゆ、酢…各大さじ2
砂糖…大さじ1

つくり方

1 鶏肉はひと口大に切る。なすはヘタを除いて乱切りにし、水気をふく。ともに片栗粉をまぶす。

2 フライパンにサラダ油をひき、1を広げ入れ、フタをして弱火にかける。肉に焼き色がついたら上下を返し、さらに5〜6分蒸し焼きにする。

3 2に合わせたAを加え、中火で味をからめる。

Memo

●なすはアクが強いので、切ってすぐに使わないときは変色を防ぐために、10分ほど水にさらしてアク抜きをしておきましょう

●盛りつける際は、大根おろしを添えたり、千切りにした青じそを散らすと、さらにさっぱりといただけておいしいです

鶏胸肉のマヨ照り焼き

胸肉とは思えないほどやわらか。マヨネーズ効果でつやも出て、こってりまろやかな味に仕上がります

冷蔵 5日　冷凍 1か月

材料（4人分）

鶏胸肉…2枚（約600g）
片栗粉…大さじ2
マヨネーズ…大さじ2

A
しょうゆ、みりん…各大さじ1⅓
マヨネーズ…大さじ1
粗びきこしょう（黒）…小さじ¼

つくり方

1 鶏肉はひと口大のそぎ切りにし、片栗粉をまぶす。

2 フライパンにマヨネーズを入れて弱火で溶かし、**1**を広げ入れる。フタをして焼き、焼き色がついたら上下を返し、さらに3～4分蒸し焼きにする。

3 **2**に合わせた**A**を加え、中火で1分ほど味をからめる。

Memo

●好みの野菜と一緒にレタスで巻いて食べても。サラダの具材として活用すれば、ボリューム満点のおかずサラダに

豚こまと玉ねぎのスタミナ黒こしょう炒め

豚肉×にんにくはスタミナ増強に効く最強のコンビ。安価な材料で手軽につくれる、お助けおかずです

材料（4人分）

豚こま切れ肉…400g
玉ねぎ…1個
片栗粉…大さじ4
サラダ油…小さじ2

A
しょうゆ…大さじ3
砂糖、酢、酒、みりん…各大さじ1⅓
しょうがのすりおろし（チューブ）…大さじ1
にんにくのすりおろし（チューブ）…小さじ1
粗びきこしょう（黒）…小さじ½

つくり方

1 豚肉は片栗粉をまぶす。玉ねぎは半分に切り、繊維に沿って5㎜幅に切る。

2 フライパンにサラダ油をひき、**1**の豚肉を広げ入れ、弱めの中火にかける。焼き色がついたら上下を返し、**1**の玉ねぎを加えてざっと混ぜる。

3 **2**に合わせた**A**を加え、フタをする。煮立ったらフタを取り、汁気を飛ばしながら味をからめる。

Memo

●白いご飯と合わせてどんぶり飯やワンプレートにしたり、そうめんや冷やしうどんにたっぷりかけてもおいしいです

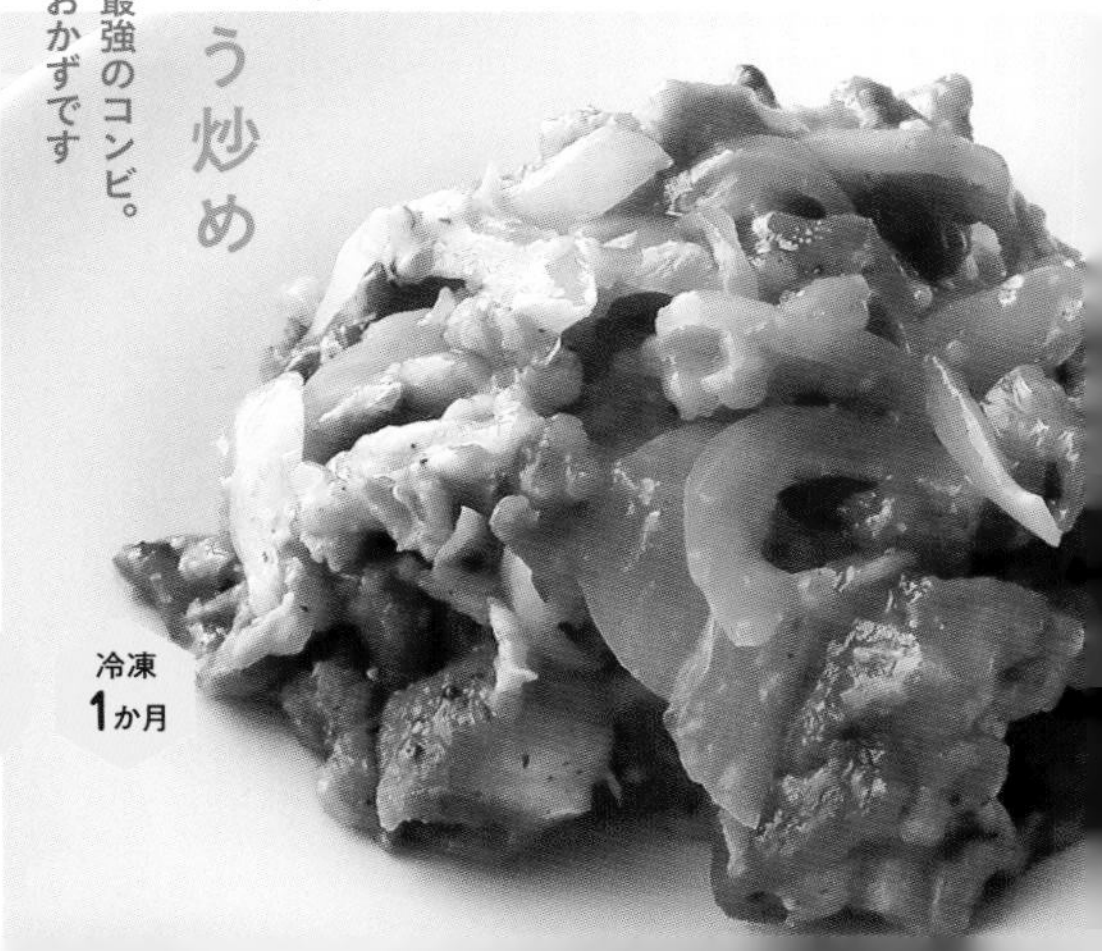

冷蔵 5日　冷凍 1か月

ゴーヤの香味あえ

夏バテ予防にぴったりのゴーヤを使った、ほろ苦おかず。炒めてから漬けるので香ばしさがプラスされて、食べやすい味つけです

冷蔵 5日

材料（4人分）
ゴーヤ…2本
ごま油…大さじ2
A
長ねぎ（みじん切り）…1本
しょうが（みじん切り）…大1かけ
かつお節…小2パック（5〜6g）
しょうゆ、酢…各大さじ2
砂糖…大さじ1

つくり方

1 ゴーヤは縦半分に切り、手またはスプーンでなでるように種を除いて2㎜厚さの薄切りにする。

2 フライパンにごま油、**1**を入れて弱めの中火にかけ、3〜4分焼く。全体をざっと混ぜてさらに2〜3分焼き、合わせた**A**を加えて味をからめる。

Memo

●ゴーヤのワタの部分は苦味がなく、栄養素も多いため、種のみを除いて調理するとよいです
●ゴマ油で炒めると比較的苦味が抑えられ、食べやすくなります
●ゆで豚とあえれば、ボリューム感のあるおかずに変身。そうめんの具にもぴったりです

ガーリックコンソメポテト

外はカリッで、中はホクッ。フライドポテトをつくるよりも簡単で、スナック感覚でいただけます

材料（4人分）

じゃがいも…中4～6個（500～600g）

オリーブオイル…大さじ3

A
- 顆粒洋風だし…小さじ2
- にんにくのすりおろし（チューブ）…小さじ1
- 粗びきこしょう（黒）…小さじ½

つくり方

1 じゃがいもは皮つきのまま1・5cm角に切る。

2 フライパンに**1**、オリーブオイルを入れて混ぜ、弱めの中火にかける。10分ほど焼き、全体を混ぜてさらに10分ほど焼く。火を止めて**A**を加えてなじませる。

冷蔵 5日

Memo

●温め直す際は、電子レンジで軽く加熱してからオーブントースターで焼くと、つくりたてのおいしさがよみがえります

キャベツのあっさりピクルス

1素材でつくるお手軽ピクルス。ほんのり甘酸っぱくてシャキシャキの歯ざわりがクセになります

材料（4人分）

キャベツ…½個

塩…大さじ1

A
- 湯…大さじ4
- 砂糖…大さじ2
- 酢…大さじ4

つくり方

1 キャベツはひと口大のざく切りにし、塩をふり混ぜて10分ほどおく。

2 熱湯に**1**を入れ、10数えたらザルに上げ、水に取って水気をしっかり絞る。

3 ボウルに**A**を順に混ぜ合わせ、**2**を加えてあえる。

冷蔵 1週間　冷凍 1か月

Memo

●オリーブオイルをかけていただくと、フルーティな味わいになってサラダ感覚で食べられます

7月 3週目

おしながき

今週は、給料日前のピンチを乗りきる節約メニューです。お財布に優しい鶏胸肉に加え、安価な塩さばは夏向きのマリネに。副菜は、カラフル野菜を使った簡単おかずです

サブおかず

オクラの焼きびたし
▶ P.241
冷蔵 5日　冷凍 1か月

にんじんの粒マスタードマリネ
▶ P.242
冷蔵 5日

ズッキーニとツナのサラダ
▶ P.242
冷蔵 4日

メインおかず

鶏胸肉とパプリカのマヨ照り焼き
▶ P.239
冷蔵 5日　冷凍 1か月

塩さばのマリネ
▶ P.240
冷蔵 3日

四川風 鶏胸肉のチリソース
▶ P.241
冷蔵 5日　冷凍 1か月

食材リスト

肉・魚

鶏胸肉…4枚（約1.2kg）
塩さば（半身）…2切れ

野菜

パプリカ（赤）…1個
トマト…1個
青じそ…10枚
オクラ…20本
にんじん…2本
ズッキーニ（緑、黄）…各1本

その他

かつお節
…小1パック（2.5〜3g）
ツナ缶
（油漬けまたはノンオイル）
…小2缶（70g×2）

鶏胸肉とパプリカのマヨ照り焼き

淡泊な胸肉でつくる照り焼きは、マヨネーズでコクをプラス。
シンプルな調味料の配合で、甘すぎずくどくないので飽きずにいただけます

冷蔵 5日　冷凍 1か月

材料（4人分）

鶏胸肉…2枚（約600g）
パプリカ（赤）…1個
片栗粉…大さじ2
マヨネーズ…大さじ2

A
しょうゆ、みりん…各大さじ1⅓
マヨネーズ…大さじ1
粗びきこしょう（黒）…小さじ¼

つくり方

1 鶏肉はひと口大のそぎ切りにし、片栗粉をまぶす。パプリカはヘタと種を除いて3㎝角に切る。

2 フライパンにマヨネーズを入れて弱火で溶かし、**1**の鶏肉を広げ入れる。フタをして焼き、焼き色がついたら上下を返し、**1**のパプリカを加えてざっと混ぜ、さらに3〜4分蒸し焼きにする。

3 **2**に合わせた**A**を加え、中火で味をからめる。

Memo

●焼き油にもマヨネーズを活用。火にかけて周りがふつふつしてきたら、ヘラでのばしながら混ぜると、なめらかに溶けます

塩さばのマリネ

7月 3週目

青魚特有の臭みは、マリネ液に加えるにんにくのおかげで気になりません。キンキンに冷やした白ワインにもよく合う、おしゃれな一品です

冷蔵 3日

材料（4人分）

塩さば（半身）…2切れ
トマト…1個
青じそ…10枚
A
酢、オリーブオイル…各大さじ2
しょうゆ…大さじ1
砂糖…小さじ2
にんにくのすりおろし（チューブ）…小さじ1

つくり方

1 さばは半分に切り、魚焼きグリルで両面をこんがり焼く。トマトはヘタを除いて1cm角に切る。青じそは千切りにする。

2 ボウルに**1**のトマト、青じそ、**A**を入れて混ぜ、**1**のさばを加えて漬け込む。

Memo

●魚焼きグリルで焼くときは、網に酢か油を塗っておくと、くっつきにくくなります
●さばの身をほぐし、カリッと焼いたバゲットにのせれば、しゃれたおつまみに。耐熱容器に入れ、ピザ用チーズをかけてオーブントースターで焼いてもおいしいです

四川風 鶏胸肉のチリソース

ケチャップを使わず豆板醤をたっぷり用いた四川風の味つけ。辛味の中に甘味を含んだ、ご飯やビールがすすむおかずです

材料（4人分）
鶏胸肉…2枚（約600g）
片栗粉…大さじ4
サラダ油…大さじ2

A
砂糖、酢、酒…各大さじ2
しょうゆ、豆板醤…各大さじ1
にんにくのすりおろし、
しょうがのすりおろし
（各チューブ）…各小さじ1

つくり方
1 鶏肉はひと口大のそぎ切りにし、片栗粉をまぶす。
2 フライパンにサラダ油をひき、1を広げ入れ、フタをして弱めの中火にかける。焼き色がついたら上下を返し、さらに2〜3分蒸し焼きにする。
3 2に合わせたAを加え、2〜3分煮詰めて味をからめる。

冷蔵 5日 冷凍 1か月

Memo
●玉ねぎやピーマン、パプリカ、好みのきのこ類、グリーンアスパラなどを一緒に加えてつくってもおいしいです

オクラの焼きびたし

しょうが風味のさわやかな味わい。生のまま焼いてから調味料をからめるので、保存しても水っぽくなりません

材料（4人分）
オクラ…20本

A
かつお節…小1パック（2・5〜3g）
水…½カップ
めんつゆ（3倍濃縮）…大さじ2
砂糖…小さじ1
しょうがのすりおろし…小さじ½

つくり方
1 オクラは軸を切り落とし、ガクの周りをぐるりとむく。塩小さじ1（分量外）をふって板ずりし、流水で洗う。
2 フライパンに油をひかずに強めの中火で熱し、1を入れ、ときどき転がしながら焼く。表面に軽く焼き色がついたら合わせたAを加えて混ぜる。ひと煮立ちしたら火を止め、そのまま粗熱を取る。

冷蔵 5日 冷凍 1か月

Memo
●オクラは丸ごと使うので、下ごしらえは丁寧に。板ずりをして表面のうぶ毛を取ると、口当たりよく仕上がります

にんじんの粒マスタードマリネ

粒マスタードの酸味と風味が決め手の、色鮮やかなマリネ。時間がたつほど味もなじみ、シャキシャキ食感がやみつきに

材料（4人分）
にんじん…2本
A
オリーブオイル、酢…各大さじ2
粒マスタード、砂糖…各大さじ1
粗びきこしょう（黒）…小さじ1/4

つくり方
1 にんじんは皮つきのままスライサーなどで千切りにする。
2 ボウルにAを混ぜ合わせ、1を加えてあえる。

冷蔵5日

Memo
●にんにくのすりおろしやドライフルーツ、ナッツなどを一緒に加えてつくったり、酢の半量をレモン汁にしても

ズッキーニとツナのサラダ

ズッキーニは薄切りにして塩もみすれば、生でもおいしく食べられます。レモン風味でさっぱりさわやか！

冷蔵4日

材料（4人分）
ズッキーニ（緑、黄）…各1本
ツナ缶（油漬けまたはノンオイル）…小2缶（70g×2）
塩…小さじ1/2
A
オリーブオイル…大さじ1 1/3
レモン汁…小さじ2
粗びきこしょう（黒）…小さじ1/4

つくり方
1 ズッキーニは1～2㎜厚さの薄切りにし、塩をふって軽くもむ。10分ほどおいて水気をしっかり絞る。
2 ボウルにツナを缶汁ごと入れ、Aを加えて混ぜ、1を加えてあえる。

Memo
●鶏胸肉のマヨ照り焼きやチリソースなどのこってり味のおかずのつけ合わせに
●サンドイッチの具材としても

7月

4週目

おしながき

気分の華やぐ洋風おかずが多めの週です。副菜2品は火を使わずにパパッとできるので、ラタトゥイユを煮ている間に完成させます。便利に使える肉そぼろもつくり、今週も安泰です

サブおかず

ラタトゥイユ
▶ P.246
冷蔵 1週間　冷凍 1か月

たこのマリネ
▶ P.247
冷蔵 4日

にんにくしょうゆきゅうり
▶ P.247
冷蔵 1週間

メインおかず

ピリ辛そぼろ
▶ P.244
冷蔵 1週間　冷凍 1か月

グリルチキン
▶ P.245
冷蔵 5日　冷凍 1か月

鶏胸肉とキャベツのレモンバターソース
▶ P.245
冷蔵 5日　冷凍 1か月

食材リスト

肉・魚

豚ひき肉…400g
鶏もも肉…2枚（500～600g）
鶏胸肉…2枚（約600g）
ゆでだこ…300g

野菜

玉ねぎ…3/4個
キャベツ…1/2個
ズッキーニ…1本
なす…2個
パプリカ（赤、黄）…各1個
青じそ…10枚
きゅうり…4～5本
にんにく…2かけ

その他

トマト缶（カット状）…1缶（400g）

ピリ辛そぼろ

パラパラのひき肉そぼろは、ふりかけ感覚で手軽に使えるのが魅力。麻婆豆腐やそぼろ丼なども、これさえあれば簡単につくれて重宝します

冷蔵 1週間　冷凍 1か月

材料（4人分）
豚ひき肉…400g
にんにく（みじん切り）…1かけ
A 甜麺醤、豆板醤、酒、しょうゆ、ゴマ油…各小さじ2

つくり方
1 フライパンにたっぷりの湯を沸かし、ひき肉を入れる。ほぐしながら色が変わるまで1分ほどゆで、ザルに上げる。
2 1のフライパンをきれいにし、1、Aを入れて中火にかける。混ぜながら5〜6分煮、汁気がほとんどなくなったら火を止める。

Arrange
麻婆豆腐

材料（1人分）
ピリ辛そぼろ…大さじ2
豆腐（木綿または絹ごし）…½丁
A 水…大さじ5
　顆粒鶏ガラスープ…小さじ½
B 長ねぎ（みじん切り）…大さじ1
　しょうゆ、酒…各小さじ1
　塩、こしょう…各少し
C 水…大さじ1
　片栗粉…大さじ½
ラー油（好みで）…小さじ1

つくり方
1 豆腐は2cm角に切る。
2 フライパンにピリ辛そぼろ、Aを入れて中火にかける。煮立ったら1を加え、再び煮立ったらBを加える。弱火にし、Cの水溶き片栗粉でとろみをつけ、ラー油をふる。器に盛り、好みで花山椒適量（分量外）をふっても。

グリルチキン

ジューシーでうま味あふれるシンプルごちそう。
漬け込みしてから焼くことで、味が中までしみ込みます

材料（4人分）

鶏もも肉…2枚（500〜600g）

A
- 砂糖…小さじ1
- 塩…小さじ1/2
- こしょう…少し

B
- 玉ねぎ（すりおろす）…1/4個
- レモン汁、サラダ油…各大さじ1
- にんにくのすりおろし（チューブ）…小さじ1

サラダ油…大さじ1

つくり方

1 鶏肉は筋切りをし、皮目にフォークで穴をあけ、Aをすり込む。保存用ポリ袋に入れてBを加え、袋の上からよくもみ、冷蔵庫で10分以上おく。

2 フライパンにサラダ油をひき、1の汁気をきって皮目を下にして並べ入れる。漬け汁はとっておく。弱火にかけ、皮がパリッと焼けたら上下を返し、余分な脂をふき取り、両面をこんがり焼く。

3 2に漬け汁を加えて1〜2分煮、火を止める。粗熱を取って食べやすい大きさに切る。

冷蔵 5日　冷凍 1か月

Memo
●皮に穴をあけておくと、焼き縮みが防げ、味もしみ込みやすくなります
●漬け込んだ状態で冷蔵庫で3日間保存できます

鶏胸肉とキャベツのレモンバターソース

レモンの酸味とバターのコクで、簡単リッチな味わいに。
目先を変えたいときにもぴったりの一品です

材料（4人分）

鶏胸肉…2枚（約600g）
キャベツ…1/2個
片栗粉…大さじ4
サラダ油…小さじ2
酒…大さじ3
バター…30g

A
- レモン汁、しょうゆ…各大さじ3
- 粗びきこしょう（黒）…小さじ1/2

つくり方

1 鶏肉はひと口大のそぎ切りにし、片栗粉をまぶす。キャベツはひと口大のざく切りにする。

2 フライパンにサラダ油をひき、1の鶏肉を広げ入れ、フタをして弱火にかける。焼き色がついたら上下を返し、1のキャベツを加える。酒をふり、キャベツがしんなりするまで7〜8分蒸し焼きにし、ざっと混ぜる。

3 2にバター、合わせたAを加え、味をからめる。

冷蔵 5日　冷凍 1か月

Memo
●お好みで、にんにくのすりおろしを加えても
●ご飯にたっぷりとかけて、どんぶり仕立てにしてもおいしいです

ラタトゥイユ

野菜の水分だけで煮込むから、夏野菜のうま味がギュッと凝縮。グリルチキンにたっぷりかければ、レストランのような一皿に

冷蔵 1週間
冷凍 1か月

材料（4人分）

ズッキーニ…1本
なす…2個
パプリカ（赤、黄）…各1個
にんにく…1かけ
オリーブオイル…大さじ2
A
トマト缶（カット状）…1缶（400g）
酒…大さじ2
顆粒洋風だし…小さじ1
塩、こしょう…各小さじ¼

つくり方

1 ズッキーニ、なすはヘタを除いて1cm厚さの半月切り、パプリカはヘタと種を除いて3～4cm角に切る。にんにくはみじん切りにする。

2 フライパンにオリーブオイル、1のにんにくを入れて弱火にかける。香りが立ったら1のズッキーニ、なすを加えて中火で炒める。しんなりしたら1のパプリカを加えてさらにひと炒めする。

3 2にAを加えてざっと混ぜ、フタをして弱火で15～20分煮る。フタを取って全体を底から混ぜ、塩、こしょうで味をととのえる。

Memo

●野菜はほかに、ピーマン、オクラ、玉ねぎ、かぼちゃ、いんげんなどでも。半分に切ったオリーブの酢漬けを加えても、うま味がアップしておいしいです
●溶き卵に混ぜて焼き、オープンオムレツにしたり、パスタやグラタンのソースなどにも活用できます

たこのマリネ

デパ地下の人気総菜の味を再現。切ってあえるだけだから5分でできて、さっぱりいただけます

材料（4人分）

ゆでだこ…300g
玉ねぎ…½個
青じそ…10枚

A
オリーブオイル…大さじ3
しょうゆ…大さじ1
砂糖、酢…各小さじ2
レモン汁、にんにくのすりおろし（チューブ）…各小さじ1
赤唐辛子（輪切り）…小さじ1（1本分）
こしょう…少し

つくり方

1 たこは2〜3cm大のぶつ切りにする。玉ねぎは薄切り、青じそは千切りにする。

2 ボウルにAを混ぜ合わせ、1を加えてあえる。

冷蔵 4日

Memo

●薄切りにしたバゲットにのせれば、おもてなしのオードブルにも使えます。パスタの具にしても

にんにくしょうゆきゅうり

みずみずしさとパリポリとした歯ざわりがクセになり、いくらでも食べられます。ビールのつまみにも！

材料（4人分）

きゅうり…4〜5本
塩…小さじ1

A
しょうゆ、酢、ごま油…各小さじ2
にんにくのすりおろし（チューブ）…小さじ1〜2
砂糖…小さじ½

つくり方

1 きゅうりはめん棒などでたたいてひびを入れ、ひと口大に割る。

2 ポリ袋に1、塩を入れてもみ、10分ほどおく。出てきた水分を捨て、Aを加えてよくもみ混ぜる。

冷蔵 1週間

Memo

●きゅうりはたたいてひびを入れてから手でちぎって割ると、断面がいびつになり、味のしみ込みがよくなります

8月 1週目

おしながき

ピーマンになす、トマト、ゴーヤと、出盛りの夏野菜をたっぷり使ったおかずをつくります。夏は火の前に立つのもおっくうなので手間なしでおいしい！を目指します

サブおかず

なすのめんつゆ煮びたし
▶ P.251
冷蔵 5日　冷凍 1か月

トマトのしょうがマリネサラダ
▶ P.252
冷蔵 4日

ゴーヤのツナおかかあえ
▶ P.252
冷蔵 5日　冷凍 1か月

メインおかず

鶏胸肉の甘酢煮
▶ P.249
冷蔵 5日　冷凍 1か月

ピーマンのしらたきチャプチェ風
▶ P.250
冷蔵 5日

鶏胸肉のピリ辛オイマヨ炒め
▶ P.250
冷蔵 5日　冷凍 1か月

食材リスト

肉

鶏胸肉…4枚（約1.2g）
豚ひき肉…400g

野菜

ピーマン…8〜10個
なす…4〜5個
トマト…4個
ゴーヤ…2本
しょうが
…大1かけ（60〜70g）

その他

しらたき…400g
ツナ缶（油漬けまたはノンオイル）
…小1缶（70g）
かつお節…小2パック（5〜6g）
いりごま（白）…大さじ2

鶏胸肉の甘酢煮

暑い日に食べたくなる、酸味の効いたさっぱりおかず。冷めてもおいしくお酢のチカラで胸肉とは思えないふわふわな仕上がりです

冷蔵 5日
冷凍 1か月

材料（4人分）
鶏胸肉…2枚（約600g）
片栗粉…大さじ4
サラダ油…小さじ2

A
だし汁…½カップ（または水½カップ＋顆粒和風だし小さじ¼）
砂糖、酢、しょうゆ、酒…各大さじ2
みりん…大さじ1

つくり方
1 鶏肉はひと口大のそぎ切りにし、片栗粉をまぶす。
2 フライパンにサラダ油をひき、**1**を広げ入れ、フタをして弱火にかける。焼き色がついたら上下を返し、両面をこんがり焼く。
3 **2**に合わせた**A**を加え、とろみがつくまで中火で5～6分煮る。

Memo

●鶏胸肉は急激に火をとおすと、かたくなってしまいます。フタをして弱火でできるだけじっくり、ゆっくりと焼きましょう

ピーマンのしらたきチャプチェ風

つるっと喉ごしがいい韓国風の炒め物です。春雨の代わりにしらたきを使うと、時間がたっても変わらぬおいしさ!

材料（4人分）
豚ひき肉…400g
ピーマン…8〜10個
しらたき…400g
A
しょうゆ…大さじ3⅓
酒…大さじ3
ごま油…大さじ1
赤唐辛子（輪切り・好みで）…小さじ1（1本分）

つくり方
1 ピーマンはヘタと種を除いて縦7〜8mm幅に切る。しらたきは食べやすい長さに切る。
2 フライパンに1のしらたきを入れ、強めの中火にかけてから炒りする。水分が飛んだらひき肉を加えて炒め、肉の色が変わったら1のピーマンを加えてざっと混ぜる。
3 2に合わせたAを加えてフタをする。煮立ったらフタを取り、汁気が半分くらいになるまで炒りつける。

冷蔵 5日

Memo
●しらたきは水分がしっかり飛ぶまでから炒りするとアクが抜け、プリプリッとして食感もよくなります

鶏胸肉のピリ辛オイマヨ炒め

こってり甘めのたれに、一味唐辛子をピリッと効かせました。汗をかきかき食べたい、夏のがっつり肉おかずです

材料（4人分）
鶏胸肉…2枚（約600g）
片栗粉…大さじ2
マヨネーズ…大さじ2
A
オイスターソース、酒…各大さじ1
砂糖…小さじ2
しょうゆ…小さじ1
一味唐辛子…小さじ¼

つくり方
1 鶏肉はひと口大のそぎ切りにし、片栗粉をまぶす。
2 フライパンにマヨネーズを入れて弱火で溶かし、1を広げ入れる。フタをして焼き、焼き色がついたら上下を返し、さらに3〜4分蒸し焼きにする。
3 2に合わせたAを加え、味をからめる。

冷蔵 5日　冷凍 1か月

Memo
●好みのきのこや長ねぎ、炒り卵、ナッツ類などを一緒に加えてつくってもおいしいです

なすのめんつゆ煮びたし

めんつゆを使うと味つけが一発で決まり，びっくりするくらい簡単。
暑い日に、キンキンに冷やしていただくのがサイコーです

冷蔵 5日
冷凍 1か月

材料（4人分）
なす…4〜5個
A 水…1カップ
めんつゆ（3倍濃縮）…大さじ2 2/3
砂糖…小さじ2/3

つくり方
1 なすはヘタを除いてひと口大の乱切りにする。
2 フライパンに油をひかずに強めの中火で熱し、1を入れて焼く。軽く焼き色がついたらAを加えてフタをし、煮立ったら弱めの中火で5〜6分煮る。

Memo
●なすを切ってすぐに調理しない場合は、水に10分ほどさらしてアクを抜いておくと、変色やえぐみが出るのが防げます
●厚揚げやさつま揚げなどを一緒に煮つけたり、しょうがのすりおろしや大根おろしを添えて食べてもおいしいです

トマトのしょうがマリネサラダ

トマトを切ってあえるだけ。スパイシーであっさり、すっきり。食欲不振のときでも箸がすすむ味つけです

材料（4人分）

トマト…4個
しょうが…大1かけ（60～70g）
A
オリーブオイル、酢…各大さじ3
砂糖…大さじ1
顆粒鶏ガラスープ…小さじ1
塩…小さじ½
粗びきこしょう（黒）…小さじ¼

つくり方

1 トマトはヘタを除いて4等分のくし形に切り、それぞれをさらに4つに切る。しょうがは皮ごと千切りにする。
2 ボウルに1のしょうが、Aを入れて混ぜ合わせ、1のトマトを加えてあえる。

冷蔵 4日

Memo
●冷ややっこやそうめん、冷製パスタなどにたっぷりかけたり、グリルした肉や魚のソースとしても使えます

ゴーヤのツナおかかあえ

ツナとかつお節という、強いうま味を合わせることでゴーヤの苦味をカバー。苦手な方でもこれならイケます

材料（4人分）

ゴーヤ…2本
A
砂糖…大さじ1⅓
塩…小さじ2
ツナ缶（油漬けまたはノンオイル）…小1缶（70g）
かつお節…小2パック（5～6g）
B
いりごま（白）…大さじ2
ごま油、めんつゆ（3倍濃縮）、酢…各大さじ1⅓

つくり方

1 ゴーヤは縦半分に切り、種とワタを除いて3㎜幅に切り、Aをすり込む。
2 熱湯に1を入れ、10数えたらザルに上げ、水に取って水気をしっかり絞る。
3 ボウルにツナを缶汁ごと入れ、2を加えてあえる。Bを加えて混ぜ合わせ、2を加えてあえる。

冷蔵 5日　冷凍 1か月

Memo
●ゴーヤは砂糖と塩でしっかりともんでから、さっとゆでて冷水に放つことで苦味がだいぶ抑えられます

8月

2週目

おしながき

ビールのおいしい季節。
ということで今週は、
つまみ系おかずを
たくさんつくりおきして
おうち居酒屋を
目いっぱい楽しみます。
ご飯との相性もいいので
普段のおかずにも◎

サブおかず

切り干し大根のあっさりハリハリ漬け
▶ P.256
冷蔵 1週間

じゃがいものハニーマスタードしょうゆあえ
▶ P.257
冷蔵 5日

ガーリック枝豆
▶ P.257
冷蔵 5日　冷凍 1か月

メインおかず

梅しそ鶏つくね
▶ P.254
冷蔵 5日　冷凍 1か月

鶏胸肉とパプリカのオイマヨ炒め
▶ P.255
冷蔵 5日　冷凍 1か月

豚こまとズッキーニのさっぱりしょうが炒め
▶ P.256
冷蔵 5日　冷凍 1か月

食材リスト

肉

鶏ひき肉…400g
鶏胸肉…2枚（約600g）
豚こま切れ肉…300g

野菜

青じそ…20枚
パプリカ（赤、黄）…各1個
ズッキーニ…2本
きゅうり…1本
じゃがいも…中3〜4個（400g）
枝豆…250g

その他

切り干し大根…40g
刻み昆布…10g
梅肉…大さじ2
（梅干し大4個分）
すりごま（白）…大さじ1

梅しそ鶏つくね

居酒屋メニューの定番を、梅肉と青じそ入りで夏向きのさっぱり味にアレンジ。肉だねに片栗粉とマヨネーズを使うことで、冷めてもふっくらやわらかです

冷蔵 5日
冷凍 1か月

材料（4人分）
鶏ひき肉…400g
青じそ…20枚

A
片栗粉…大さじ4
酒、マヨネーズ…各大さじ1
梅肉…大さじ½（梅干し大1個分）

サラダ油…小さじ2

B
梅肉…大さじ1½（梅干し大3個分）
酒…大さじ3
みりん…大さじ2
しょうゆ…小さじ1

つくり方

1 ボウルにひき肉を入れ、**A**を加えてよく練り混ぜる。青じそをちぎって加え、全体をざっくりと混ぜ、16等分して平丸形にまとめる。

2 フライパンにサラダ油をひき、**1**を間隔をあけて並べ入れ、フタをして中火にかける。焼き色がついたら上下を返し、弱火でさらに5～6分蒸し焼きにする。

3 **2**に合わせた**B**を加え、転がしながら照りが出るまで味をからめる。

Memo
●青じそは固まらないようにほぐしながら加え、できるだけ全体に行き渡るように、手でこねるようにしてよく混ぜ合わせましょう
●肉だねには、青じその代わりに、長ねぎのみじん切りを混ぜ込んでもおいしくできます

鶏胸肉とパプリカのオイマヨ炒め

パプリカの甘味と風味が生きた、コクたっぷりの仕上がり。
胸肉は細切りにすると火が早くとおり、スピーディに完成します

冷凍 1か月

冷蔵 5日

材料（4人分）

鶏胸肉…2枚（約600g）
パプリカ（赤、黄）…各1個
片栗粉…大さじ2
マヨネーズ…大さじ2
A オイスターソース…大さじ2
　しょうゆ…大さじ1
　粗びきこしょう（黒）…小さじ½〜1

つくり方

1 鶏肉はひと口大のそぎ切りにし、1・5cm幅に切って片栗粉をまぶす。パプリカはヘタと種を除いて縦1・5cm幅に切る。

2 フライパンにマヨネーズを入れて弱火で溶かし、**1**の鶏肉を広げ入れる。フタをして焼き、焼き色がついたら上下を返し、**1**のパプリカを加えてざっと混ぜる。

3 **2**に合わせた**A**を加え、再びフタをして3分ほど蒸し焼きにする。フタを取って全体を底から混ぜ、汁気を飛ばす。

Memo

●パプリカは1色でもかまいませんが、赤と黄の2色使いにすると彩りがより華やかになってごちそう感が出ます。大きいものの場合は、長さを半分に切るか、斜めに切るとよいです
●卵でとじたり、オープンオムレツの具材としても

豚こまとズッキーニのさっぱりしょうが炒め

肉のうま味がしみ込んだズッキーニがジューシー！
しょうがと酢を使い、さっぱり仕上げた夏仕様の炒め物です

冷蔵 5日　冷凍 1か月

材料（4人分）

豚こま切れ肉…300g
ズッキーニ…2本
片栗粉…大さじ3
サラダ油…小さじ2

A
めんつゆ（3倍濃縮）…大さじ2
酢…大さじ1⅓
しょうがのすりおろし（チューブ）…大さじ1

つくり方

1 豚肉は片栗粉をまぶす。ズッキーニは7〜8㎜厚さの輪切りにする。
2 フライパンにサラダ油をひき、1の豚肉を広げ入れ、弱めの中火にかける。焼き色がついたら上下を返し、1のズッキーニを加えてざっと混ぜる。
3 2に合わせたAを加え、フタをして5〜6分蒸し焼きにする。フタを取って全体を底から混ぜ、汁気を飛ばす。

Memo
●なすやピーマン、パプリカを一緒に加えてつくっても
●そうめんや冷やしうどんにたっぷりとかけてもおいしいです

切り干し大根のあっさりハリハリ漬け

パリパリの歯ごたえがたまらない！
優しい酸味としょうがの風味が体にしみ入るおいしさです

冷蔵 1週間

材料（4人分）

切り干し大根…40g
きゅうり…1本
刻み昆布…10g

A
砂糖、しょうゆ、酢…各大さじ1
だし汁…大さじ1（または水大さじ1＋顆粒和風だし少し）
レモン汁（なければ酢）…大さじ½
しょうがのすりおろし（チューブ）…小さじ½
すりごま（白）…大さじ1

つくり方

1 切り干し大根は水にくぐらせてさっと洗い、熱湯で1分ほどゆで、ザルに上げる。粗熱が取れたら水気を絞り、長ければ食べやすく切る。きゅうりは小口切りにし、水気をしっかり絞る。
2 ボウルに1、刻み昆布を入れ、Aを順に加え、その都度よくあえる。ごまを加えて混ぜる。

Memo
●切り干し大根をゆでるのが面倒であれば、水につけて戻すだけでもよいです
●大豆やミックスビーンズを加えても

じゃがいものハニーマスタードしょうゆあえ

ゆでたじゃがいもに甘辛いソースをたっぷりからめました。大人も子どもも大好きな味つけです。おつまみにもおすすめ！

冷蔵 5日

材料（4人分）
じゃがいも…中3〜4個（400g）
A
粒マスタード、はちみつ…各大さじ1
しょうゆ…小さじ2

つくり方
1 じゃがいもは皮つきのままひと口大に切る。
2 鍋に1を入れ、かぶるくらいの水を注いで中火にかけ、竹串がスーッと通るまでゆで、ザルに上げる。
3 ボウルにAを混ぜ合わせ、2を加えてあえる。好みで1/3〜1/4量を軽くつぶす。

Memo
●つぶしてマヨネーズを混ぜ込むと、ポテトサラダができ上がります。ハムや玉ねぎ、ゆで卵などの具材を加えても

ガーリック枝豆

にんにくじょうゆがしみ込んで、食べ始めたら止まりません。帰宅してすぐビール！のときにも活躍してくれる一品です

材料（4人分）
枝豆…250g
A
オリーブオイル…小さじ2
にんにくのすりおろし（チューブ）…小さじ1
一味唐辛子（好みで）…小さじ1/4
しょうゆ…小さじ1

つくり方
1 枝豆は塩大さじ1（分量外）をふってもみ、水洗いする。再び塩小さじ2（分量外）をもみ込んでフライパンに入れ、水3/4カップ（分量外）を注ぎ、フタをして中火にかける。沸騰したら、ときどき混ぜながら4〜5分ゆでる。
2 1の水分が飛んだら弱火にし、Aをからめる。火を止めて、しょうゆを鍋肌から回し入れて混ぜる。

冷蔵 5日　冷凍 1か月

Memo
●枝豆はよく洗ってから調理を。余裕があれば、両端をキッチンバサミで切っておくと、さらに味がよくしみます

8月 3週目

おしながき

暑いときこそ、辛いもの。
唐辛子やスパイスを
効かせた辛うまおかずで
食欲を刺激します。
さらに、体がシャキッと
する酸味や苦味の効いた
おかずをつくることで
元気をチャージ！

サブおかず

切り干し大根のあっさり中華サラダ
▶ P.261
冷蔵 5日

ししとうとじゃこのさっと煮
▶ P.262
冷蔵 5日　冷凍 1か月

もやしナムル
▶ P.262
冷蔵 5日　冷凍 1か月

メインおかず

甘辛麻婆なす
▶ P.259
冷蔵 5日　冷凍 1か月

マイルドタンドリーチキン
▶ P.260
冷蔵 1週間　冷凍 1か月

鶏胸肉の南蛮漬け
▶ P.261
冷蔵 5日

食材リスト

肉・魚

豚ひき肉…300g
鶏手羽元…8〜10本
鶏胸肉…2枚（約600g）
ちりめんじゃこ…30g

野菜

なす…4〜5個
長ねぎ…1本
玉ねぎ…1個
にんじん…1本
きゅうり…1本
ししとう…2パック（約20本）
豆もやし…2袋

その他

切り干し大根…40g
プレーンヨーグルト（無糖）…大さじ4
いりごま（白）…大さじ1
すりごま（白）…大さじ1⅓

甘辛麻婆なす

夏野菜をたっぷり味わう中華おかず。みそとオイスターソース、めんつゆを組み合わせることで深い味わいに。暑い日には冷製で食べるのもおすすめです

冷蔵 5日
冷凍 1か月

材料（4人分）

豚ひき肉…300g
なす…4〜5個
長ねぎ…1本
ごま油…大さじ2

A
みそ…大さじ1
にんにくのすりおろし、しょうがのすりおろし（各チューブ）…各小さじ1
一味唐辛子（好みで）…小さじ¼

B
水…¾カップ
オイスターソース、めんつゆ（3倍濃縮）、片栗粉…各大さじ1

つくり方

1 なすはヘタを除いてひと口大の乱切りにする。長ねぎは粗みじんに切る。

2 フライパンにごま油をひき、ひき肉を広げ入れ、中火にかける。ときどきほぐしながら炒め、肉の色が変わったら1の長ねぎを加える。弱火にして**A**を加えてなじませる。

3 **2**に**1**のなすを加えてざっと混ぜ、合わせた**B**を加える。煮立ったらフタをして4〜5分煮、フタを取ってひと混ぜする。

Memo

●みそを加えたら、油となじませながら全体を混ぜ合わせ、ひき肉にムラなく味をからめます。焦げやすいので火加減は弱火で

マイルドタンドリーチキン

スパイシーで夏にぴったりの一品です。骨つき肉でつくるとボリュームも満点。はちみつやケチャップを使った、お子さんにも食べやすいマイルドな辛さです

冷蔵 1週間　冷凍 1か月

材料（4人分）

鶏手羽元…8〜10本
塩…小さじ1

A
玉ねぎ（すりおろす）…1/2個
プレーンヨーグルト（無糖）…大さじ4
カレー粉…大さじ1 1/3
はちみつ、トマトケチャップ、しょうゆ…各大さじ1
にんにくのすりおろし、しょうがのすりおろし（各チューブ）…各小さじ1

オリーブオイル…大さじ1

つくり方

1 手羽元は塩をもみ込む。
2 保存用ポリ袋にAを入れて混ぜ合わせ、1の水気をふいて加えてよくもみ、冷蔵庫で1時間以上おく。
3 フライパンにオリーブオイルを中火で熱し、1の漬け汁をぬぐって皮目を下にして並べ入れる。軽く焼き色がついたら上下を返し、フタをして弱火で15〜20分焼く。フタを取り、中火で1分ほど混ぜながら焼き、汁気を飛ばす。

Memo
- 保存袋に入れた状態で、冷蔵で1週間、冷凍で1か月保存可能
- 魚焼きグリルやオーブンでも焼けます。魚焼きグリルは途中で焦げそうになったらアルミ箔をかぶせて10〜12分、オーブンなら220℃で20〜30分を目安に焼いてください

鶏胸肉の南蛮漬け

野菜たっぷり！ フライパンひとつで南蛮酢まで一緒につくれます。胸肉だから、食欲がないときでもさっぱりといただけて◎

材料（4人分）

鶏胸肉…2枚（約600g）
片栗粉…大さじ2
にんじん…1/2本
玉ねぎ…1/2個
サラダ油…大さじ1
赤唐辛子（輪切り・好みで）…小さじ1（1本分）

A
だし汁…3/4カップ（または水3/4カップ＋顆粒和風だし小さじ1/3）
酢…大さじ3
砂糖、しょうゆ…各大さじ2

つくり方

1 鶏肉はひと口大のそぎ切りにし、片栗粉をまぶす。にんじんは皮つきのまま千切り、玉ねぎは薄切りにする。

2 フライパンにサラダ油をひき、**1**の鶏肉を広げ入れ、フタをして弱火にかける。焼き色がついたら上下を返し、両面をこんがり焼く。

3 **2**に**1**のにんじん、玉ねぎと**A**を加え、中火で1分ほど煮る。

冷蔵 5日

Memo
●盛りつける際は青じそ、みょうが、かいわれ大根などをあしらうと、彩りも味わいもアップします

切り干し大根のあっさり中華サラダ

酸味の効いたさっぱり味で、もりもり食べられるおいしさ。甘辛麻婆なすと組み合わせれば、ヘルシーな中華献立に！

冷蔵 5日

材料（4人分）

切り干し大根…40g
にんじん…1/2本
きゅうり…1本
だし汁…大さじ1（または水大さじ1＋顆粒和風だし少し）

A
いりごま（白）、ごま油、しょうゆ、酢…各大さじ1
砂糖…小さじ1

つくり方

1 切り干し大根は水にくぐらせてさっと洗い、熱湯で1分ほどゆで、ザルに上げる。粗熱が取れたら水気を絞り、長ければ食べやすく切る。にんじんは皮つきのままスライサーなどで千切りにする。きゅうりも同様に千切りにする。

2 ボウルに**A**を混ぜ合わせ、**1**のにんじん、きゅうりの水気を絞って加え、**1**の切り干し大根も加えてあえる。

Memo
●食べるときに、薄焼き卵やゆでたもやし、トマト、わかめ、ハム、かに風味かまぼこなどを加えてもおいしいです

ししとうとじゃこのさっと煮

苦うま味がクセになり、ご飯にもおつまみにもぴったりです。ノンオイルでチャチャッとつくれ、カルシウム補給にも！

冷蔵 5日　冷凍 1か月

材料（4人分）

ししとう…2パック（約20本）
ちりめんじゃこ…30g

A
水…1/2カップ
酒…大さじ1
砂糖…小さじ1
しょうゆ…大さじ1 1/3

B
みりん…小さじ1

つくり方

1 ししとうはヘタを除き、竹串で穴をあけるか包丁で切り目を入れる。
2 フライパンにちりめんじゃこを入れ、強めの中火にかけてから炒りする。香りが立ったら1を加えてざっと混ぜ、弱めの中火にし、Aを加えてざっと混ぜ、フタをして1分ほど煮る。
3 フタを取ってBを加え、汁気を飛ばしながら2～3分炒り煮にする。

Memo
●ちりめんじゃこは生臭さを飛ばすために、しっかりから炒りしましょう。
●砕いたナッツを一緒にから炒りしても

もやしナムル

もやしをさっとゆでてあえるだけ。ごま油とすりごまで風味よく仕上げた、やみつきになる味です

冷蔵 5日　冷凍 1か月

材料（4人分）

豆もやし…2袋

A
ごま油、すりごま（白）
…各大さじ1 1/3
顆粒鶏ガラスープ
…小さじ2
塩…小さじ1/4

つくり方

1 フライパンにもやしを入れ、水2カップ、酢大さじ1（各分量外）を加え、フタをして強火にかける。沸騰したらザルに上げて水気をしっかりきる。
2 ボウルにAを混ぜ合わせ、1を加えてあえる。

Memo
●にんにくのすりおろしを加えても。4人分で小さじ1を目安に
●ラーメンの具材にも使えます

8月

4週目

おしながき

主菜は、お肉ががっつり食べられる鶏肉おかずのラインナップ。調理法や味つけを変えて飽きないおいしさに！

副菜は素材1つでできておつまみにもなるお手軽メニューです

メインおかず

ねぎ塩チキン
▶ P.264
冷蔵 5日　冷凍 1か月

鶏もも肉のベトナム風マリネ
▶ P.265
冷蔵 5日

鶏胸肉とピーマンの甘辛炒め
▶ P.266
冷蔵 5日　冷凍 1か月

サブおかず

とろとろなすのしょうが焼き
▶ P.266
冷蔵 5日　冷凍 1か月

きゅうりのごま油漬け
▶ P.267
冷蔵 5日

塩昆布もやし
▶ P.267
冷蔵 5日　冷凍 1か月

食材リスト

肉

鶏もも肉…4枚（約1.2kg）
鶏胸肉…2枚（約600g）

野菜

長ねぎ…2本
大根…5～6cm
にんじん…½本
香菜…1束
ピーマン…8～10個
なす…4～5個
きゅうり…4本
もやし…2袋

その他

塩昆布…20g
いりごま（白）…大さじ1

ねぎ塩チキン

8月 4週目

ジューシーな鶏もも肉に、さっぱりとしたねぎ塩だれをたっぷりからめました。黒こしょうのパンチが効いた仕上がりで、ご飯もお酒もすすむ魅惑の一品です

冷蔵 5日　冷凍 1か月

材料（4人分）

鶏もも肉…2枚（約600g）
片栗粉…大さじ3
サラダ油…小さじ2

A
長ねぎ（粗みじん切り）…2本
レモン汁…大さじ3
ごま油、顆粒鶏ガラスープ…各大さじ1
塩…小さじ2/3
粗びきこしょう（黒）…小さじ1/2

つくり方

1 鶏肉はひと口大に切り、片栗粉をまぶす。

2 フライパンにサラダ油をひき、**1**を皮目を下にして並べ入れ、中火にかける。焼き色がついたら上下を返し、弱めの中火でさらに3〜4分焼く。

3 **2**に合わせた**A**を加え、2分ほど炒りつけ、全体をざっと混ぜて味をからめる。

Memo

●片栗粉をまぶすことでとろみがつき、ねぎ塩だれがしっかりと鶏肉にからみます。もみ込むようにまぶしつけましょう

鶏もも肉のベトナム風マリネ

こんがりとグリルした鶏肉に、シャキシャキ野菜を合わせてマリネ仕立てに。
ナンプラー風味のエスニック味が、暑い夏にぴったりです

冷蔵
5日

材料（4人分）

鶏もも肉…2枚（約600g）

A
- にんにくのすりおろし（チューブ）…小さじ1
- 塩、こしょう…各小さじ1/4

大根…5〜6cm
にんじん…1/2本
香菜…1束

B
- ナンプラー…大さじ2
- 砂糖…大さじ1
- 酢、レモン汁（またはライム汁）…各小さじ1
- 赤唐辛子（輪切り）…小さじ1（1本分）

つくり方

1 鶏肉は筋切りをして皮目にフォークで穴をあけ、**A**をすり込む。大根、にんじんは皮つきのまま千切り、香菜は4〜5cm長さに切る。

2 **1**の鶏肉を魚焼きグリルで皮がパリッとし、中まで火がとおるまで焼き、ひと口大に切る。

3 ボウルに**1**の大根、にんじん、香菜を入れ、**B**を加えて混ぜ、**2**を加えてあえる。

Memo

●鶏もも肉の代わりに鶏胸肉や豚薄切り肉、ゆでだこでつくっても
●フリルレタスとともに生春巻きの皮で巻いて、チリソースをつけて食べてもおいしいです。カリッと焼いたバゲットにはさめば、人気のベトナム風のサンドイッチ、バインミーが完成します

鶏胸肉とピーマンの甘辛炒め

ご飯のすすむ甘辛おかずです。ピーマンは大きめに切ると素材のもち味が生きて、2素材でも堂々のボリュームに！

材料（4人分）

鶏胸肉…2枚（約600g）
ピーマン…8～10個
片栗粉…大さじ2
サラダ油…小さじ2

A
しょうゆ…大さじ2
砂糖、みりん…各大さじ1
顆粒和風だし…小さじ½

つくり方

1 鶏肉はひと口大のそぎ切りにし、片栗粉をまぶす。ピーマンはヘタと種を除いてひと口大に切る。
2 フライパンにサラダ油をひき、1の鶏肉を広げ入れ、フタをして弱火にかける。焼き色がついたら上下を返し、1のピーマンを加えてざっと混ぜる。
3 2に合わせたAを加え、再びフタをしてさらに2～3分蒸し焼きにする。フタを取って味をからめる。

冷蔵 5日　冷凍 1か月

Memo
●にんにくを一緒に加えてつくっても
●食べるときに、黒こしょうや一味または七味唐辛子をふってもおいしいです

とろとろなすのしょうが焼き

新鮮な旬のなすは香ばしく焼くと、甘味が引き出されてとろとろジューシー。無限に食べられるおいしさです

材料（4人分）

なす…4～5個
片栗粉…大さじ2
サラダ油…大さじ3

A
だし汁…½カップ（または水½カップ＋顆粒和風だし小さじ¼）
しょうゆ…大さじ2
しょうがのすりおろし（チューブ）…大さじ1
砂糖、みりん…各小さじ2

つくり方

1 なすはヘタを除いて1・5cm厚さの斜め切りにし、水気をふいて片栗粉をまぶす。
2 フライパンにサラダ油をひき、1を広げ入れ、中火にかける。6～7分したら一度混ぜ、さらに4～5分焼く。
3 2に合わせたAを加え、1分ほど味をからめる。

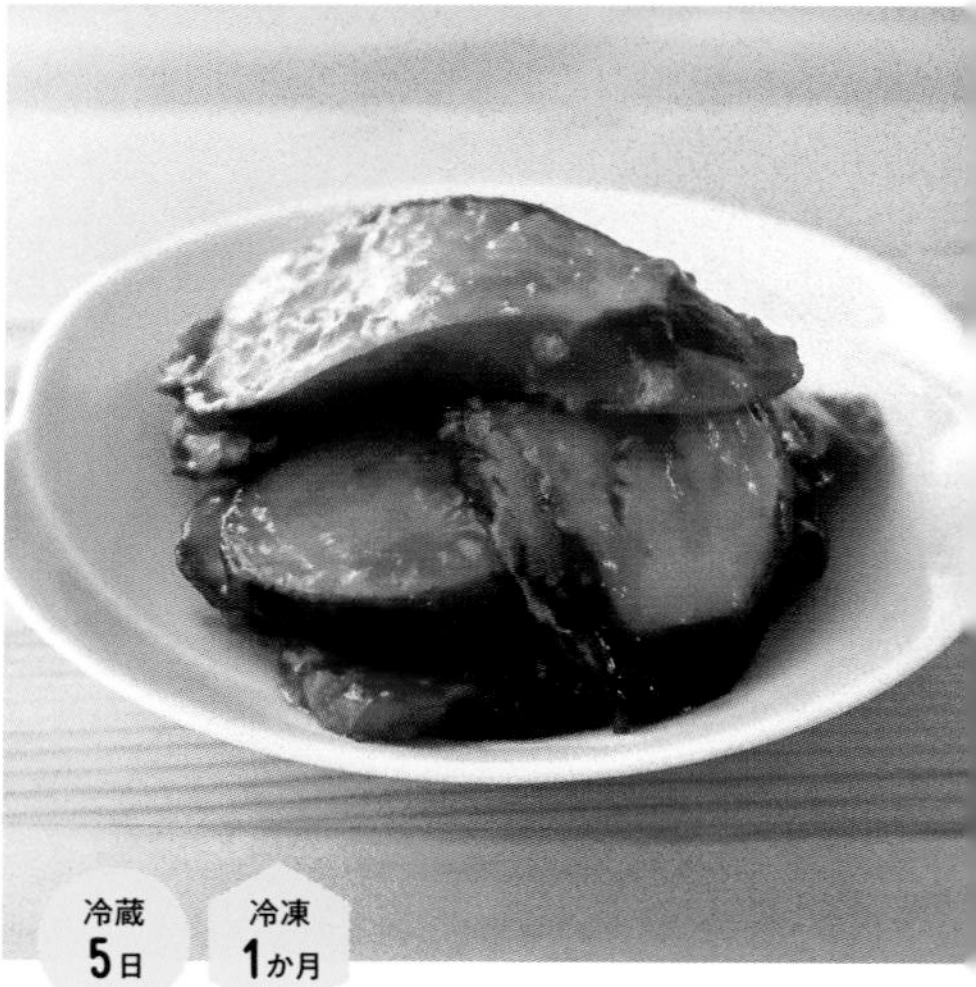

冷蔵 5日　冷凍 1か月

Memo
●なすに油をしっかりからめてから弱火でじっくり焼くと、均一に火がとおり、ムラなくおいしく仕上がります

きゅうりのごま油漬け

ごま油と鶏ガラスープで浅漬け風に。心地よい歯ざわりできゅうりの大量消費&日もちアップにも役立ちます

材料（4人分）

きゅうり…4本

塩…小さじ¼

A
- いりごま（白）、ごま油、しょうゆ…各大さじ1
- 顆粒鶏ガラスープ…小さじ2
- 砂糖…小さじ1
- 赤唐辛子（輪切り・好みで）…小さじ1（1本分）

つくり方

1 きゅうりはめん棒などでたたいてひびを入れ、ひと口大に割る。塩をふり混ぜ、10分ほどおく。

2 保存用ポリ袋に**A**を入れ、**1**の水気を絞って加え、もみ込む。

冷蔵 5日

Memo
●ぶつ切りにしたゆでだことあえたり、食べるときに刻んだしょうがやみょうがを添えてもおいしいです

塩昆布もやし

5分で完成する、超簡単な最強コスパおかずです。サラダ代わりの一品やつけ合わせ、おつまみに重宝します

材料（4人分）

もやし…2袋

A
- 塩昆布…20g
- ごま油…大さじ1⅓

つくり方

1 フライパンにもやしを入れ、水2カップ、酢大さじ1（各分量外）を加え、フタをして強火にかける。沸騰したら火を止めてザルに上げ、水気をよくきる。

2 ボウルに**1**を入れ、**A**を加えてあえる。

冷蔵 5日　冷凍 1か月

Memo
●塩昆布は重さを量って加えると、確実に味が決まります。ダマにならないように、よくほぐしながらあえましょう

使える！ 万能だれ＆ソース

たれやソースはつくりおきして冷蔵庫に
ストックしておくと、いろんな用途に使えて便利。
かけるだけ、あえるだけで味が決まり、
万能に使える4つの味とアレンジレシピを紹介します

マヨコーン

冷蔵 5日　冷凍 1か月

コーン缶をマヨネーズとめんつゆであえるだけ。
ほんのり和風味で、グリーンアスパラや
ブロッコリーなどの温野菜にかけてサラダにも

材料（つくりやすい分量・約300g）

コーン缶（ホール状）…1缶（190g）

A
- マヨネーズ…大さじ6
- めんつゆ（3倍濃縮）…小さじ2
- パセリ（乾燥・あれば）…小さじ½

つくり方

コーンは缶汁をきってボウルに入れ、
Aを加えてあえる。

Arrange 1

マヨコーングラタン

プチプチ食感で
甘味たっぷり！

材料とつくり方（1人分）

マカロニ50gをゆで、ピザ用チーズ20g、マヨコーン大さじ4を加えてあえる。耐熱皿に入れて粉チーズ適量をふり、オーブントースター（1000W）で焼き色がつくまで7〜8分焼く。

Arrange 2

油揚げのマヨコーンピザ

材料とつくり方（1人分）

油揚げ1枚にトマトケチャップ大さじ1を塗り、マヨコーン大さじ2をのせて、オーブントースター（1000W）で4分ほど焼き、半分に切る。

冷蔵 1週間　冷凍 1か月

トマトソース

グリルした肉や魚、オムレツのソースなど
なんにでも使える、洋風料理の万能ソースです。
フレッシュな生のトマトでつくるのでおいしさも格別！

材料（つくりやすい分量・約700g）

トマト…中8個
にんにく…2かけ
オリーブオイル…大さじ6
オレガノ（乾燥・あれば）…小さじ1
塩…小さじ1

つくり方

1 トマトはヘタを除いて皮ごとすりおろす。にんにくはみじん切りにする。

2 フライパンにオリーブオイル、1のにんにくを入れ、弱めの中火にかける。香りが立ったら1のトマトを加えて強めの中火にし、煮立ったらオレガノを加えて底から混ぜ、20分ほど煮詰める。全体がぽってりとしたら塩を加え混ぜ、弱めの中火でさらに3〜4分煮る。

Arrange 1 トマトペンネ

材料とつくり方（1人分）

フライパンにトマトソース½カップを入れて温め、バター5gを溶かす。ペンネ100g をゆで、ペンネのゆで汁少しとともに加えてあえる。

Arrange 2 なすときのこのオーブン焼き

材料とつくり方（1人分）

フライパンにオリーブオイル小さじ2を中火で熱し、1cm厚さの半月切りにしたなす1個、石づきを除いてほぐしたしめじ½パック、1cm幅に切ったベーコン1枚を炒める。しんなりしたらトマトソース½カップを加えてひと煮し、耐熱皿に移してオーブントースター（1000W）で4〜5分焼く。

冷蔵
5日

サルサメヒカーナ

シンプルに焼いた肉や魚にかけると、
たちまちメキシカンになる魔法のソースです。
お好みで、香菜や青唐辛子を刻んで加えても

材料（つくりやすい分量・約600g）

トマト…2個
ピーマン…2個
玉ねぎ…½個
A
レモン汁…大さじ1
にんにく（すりおろす・好みで）…小さじ1
塩…小さじ½

つくり方

1 トマト、ピーマンはそれぞれヘタを除いて粗みじん切りにする。玉ねぎは粗みじん切りにする。
2 ボウルに1を入れ、Aを加えてあえる。

Arrange 1

オムレツのサルサソースがけ

材料とつくり方（1人分）

フライパンにバター5gを入れて中火で溶かし、溶きほぐした卵2個を流し入れ、オムレツをつくる。器に盛り、サルサメヒカーナ適量をかける。

Arrange 2

エスニック焼き肉

材料とつくり方（1人分）

フライパンにサラダ油小さじ1を中火で熱し、豚ロースしょうが焼き用肉2枚をこんがり焼く。器に盛り、サルサメヒカーナ適量をかける。

冷蔵
1か月

スイートチリソース

甘辛酸っぱさにハマるおなじみの味をおうちでも手軽に。
しょうゆベースで、お子さんにも食べやすい味に仕上げました。
鶏肉のソテーやオムレツにかけてもおいしいです

材料（つくりやすい分量・約200g）

水…$\frac{1}{4}$カップ
酢…大さじ4
砂糖…大さじ3
しょうゆ、にんにくのすりおろし（チューブ）…各小さじ1
赤唐辛子（輪切り）…小さじ1（1本分）

つくり方

小鍋またはフライパンにすべての材料を入れ、弱めの中火にかける。混ぜながらひと煮立ちさせ、火を止める。

Arrange 1

スイートチリポテト

材料とつくり方（1人分）

フライパンにオリーブオイル小さじ1を中火で熱し、皮つきのまま1㎝厚さに切ったじゃがいも1個を入れ、両面をこんがり焼く。器に盛り、スイートチリソース適量をかける。

Arrange 2

エビマヨ

材料とつくり方（1人分）

フライパンにサラダ油小さじ1を中火で熱し、片栗粉大さじ1をまぶしたむきエビ100gを炒める。マヨネーズ、スイートチリソース各大さじ1を混ぜ合わせ、エビにからめる。

STAFF

デザイン　蓮尾真沙子 (tri)
撮影　井上直哉、内山めぐみ、難波雄史、スガ
取材　城石眞紀子
校正　小出美由規
編集　合川翔子
企画協力　沢田 浩、田子直美

スガ

おいしいものと、酒と料理と音楽好きの働く主婦。関西出身で現在は東京に単身赴任をしている。仕事や子育てで息つく間もない毎日を送っていたときに始めたつくりおき生活が、家族の健康、そして自分がほっとひと息つくための強い味方に。子育ても一段落し、激務が改善された今でもつくりおき生活は継続中。ブログではレシピを紹介するだけではなく、つくりながら自然と基本も身につくように、写真つきで調理のコツを丁寧に解説。料理初心者はもちろん、ベテラン主婦からも人気となり、現在ブログの月間アクセス数は140万超え。著書に『やさしい作り置き』(学研プラス) などがある。

BLOG
https://mayukitchen.com/

Instagram
@sgmy

スガさんの 365日使える つくりおき

発行日　2020年9月26日　初版第1刷発行
　　　　2021年6月10日　　　第2刷発行

著者　スガ

発行者　久保田榮一

発行所　株式会社 扶桑社
〒105-8070
東京都港区芝浦1-1-1
浜松町ビルディング
電話　03-6368-8870 (編集)
　　　03-6368-8891 (郵便室)
www.fusosha.co.jp

DTP制作　ビュロー平林

印刷・製本　凸版印刷株式会社

※本書は『ラクする作り置き』『料理の腕がぐんぐん上がる 身につく作り置き』『しみこむ作り置き』(すべてセブン＆アイ出版)、『もっとラクする! 一生使えるつくりおきBEST』(小社) に追加・再編集したものです

ISBN 978-4-594-08599-5